EUROPAVERLAG

ZEIGE DEINE WUNDE

KUNST UND SPIRITUALITÄT BEI JOSEPH BEUYS

Eine Spurensuche
von Rüdiger Sünner

EUROPAVERLAG

Dieses Buch enthält Links zu externen Webseiten Dritter, auf deren Inhalte der Europa Verlag keinen Einfluss hat. Deshalb können wir für diese fremden Inhalte auch keine Haftung übernehmen. Für die Inhalte der verlinkten Seiten ist stets der jeweilige Anbieter oder Betreiber der Seiten verantwortlich. Die verlinkten Seiten wurden zum Zeitpunkt der Verlinkung auf mögliche Rechtsverstöße überprüft, rechtswidrige Inhalte waren nicht erkennbar. Bei Bekanntwerden von Rechtsverletzungen werden wir derartige Links umgehend entfernen.

MIX
Papier aus verantwortungsvollen Quellen
FSC® C014889

2021 Europa Verlag in Europa Verlage GmbH, München
Umschlaggestaltung: Hauptmann & Kompanie Werbeagentur, Zürich, unter Verwendung eines Motivs von:
© IMAGNO/Franz Hubmann/Süddeutsche Zeitung Photo
Bildnachweis: S. 145 (mit freundlicher Genehmigung des Autors): © Bernd Klüser, München; S. 8, S. 9, S. 22, S. 56, S. 60, S. 76, S. 77, S. 97, S. 104, S. 113, S. 119, S. 120, S. 122, S. 135, S. 145, S. 152, S. 181: © VG Bild-Kunst, Bonn 2015; S. 76, S. 77: © WDR, Köln
Fotonachweis: S. 56, S. 120, S. 153: © Eva Beuys/VG Bild-Kunst, Bonn 2015; S. 8, S. 9, S. 76, S. 77, S. 97, S. 104, S. 113, S. 119, S. 122, S. 130, S. 131, S. 135, S. 145, S. 163, S. 181: © Rüdiger Sünner, Berlin
Satz: BuchHaus Robert Gigler, München
Gesetzt aus de Minion Pro und der Plak Black Extra Condensed
Druck und Bindung: Pustet, Regensburg
ISBN 978-3-95890-349-4

www.europa-verlag.com

INHALTSVERZEICHNIS

DAS RUDEL

Als ich 16 war, hatte ich einmal früher Schulschluss als sonst und ging, da ich noch keine Lust auf Zuhause hatte, in eine Ausstellung der Kölner Kunsthalle. Dort sah ich in einem abgedunkelten Raum eine seltsame Plastik, die mich sofort in ihren Bann zog. Aus einem alten, verwitterten VW-Bus kamen zahlreiche Schlitten heraus, die sich wie lebendige Objekte auf dem Boden verteilten und auf denen mit medizinischen Gurten jeweils eine große Taschenlampe, ein Stück Fett und eine eingerollte Filzdecke befestigt waren. Es war die Installation »Das Rudel« von Joseph Beuys.

Lange stand ich in dem Raum, um die vielen Empfindungen in mir zu ordnen. Ich war plötzlich nicht mehr in Köln, sondern in einer fernen Landschaft, wo es dunkel und kalt war und ich diffuse Ängste verspürte, als befände ich mich in einer extremen Notlage. Kein Mensch war zu sehen, kein Laut zu hören, aber langsam kroch die Dämmerung herauf und mit ihr unbekannte Gefahren. War es in den Eiswüsten des Nordens, in kah-

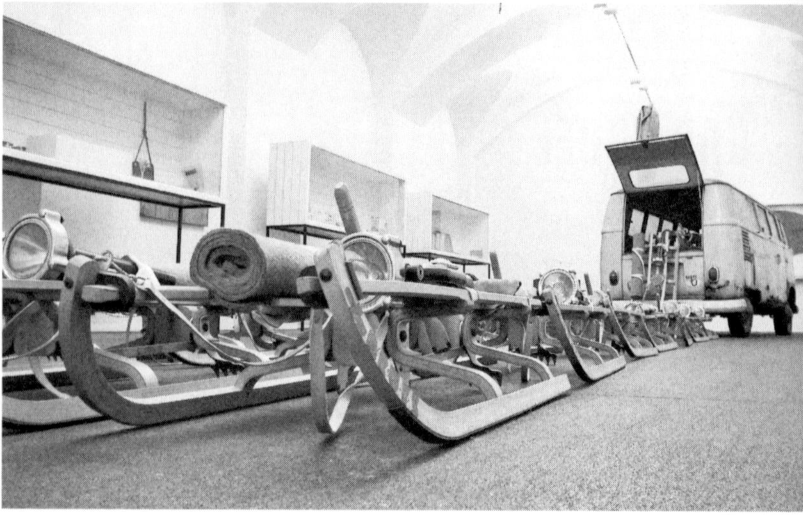

DAS RUDEL, 1969

len Landschaften Schottlands oder Skandinaviens? Der VW-Bus sah rostig und ramponiert aus. Er wirkte schwach und beschädigt, als könne er seinen Insassen nicht mehr weiterhelfen, wie ein schon lange in der Wildnis stehendes verfallenes Gefährt. Er löste Assoziationen mit einem Unfall aus, rief in mir Gefühle von Schrecken, Ohnmacht, Mitleid hervor. Ein ganzer Film entstand in meinem Kopf und hielt mich lange in dem Raum. Was war hier geschehen? Handelte es sich um eine ganz normale Autopanne, einen Überfall mit schrecklichen Folgen? Verlassen wirkte das Ganze und doch eigenartig belebt. Die Schlitten waren irgendwie in Bewegung oder zumindest in einer erstarrten Bewegung.

Aber sie hatten nichts Fröhliches wie auf einer winterlichen Rodelpartie. Den Schlitten war der Schrecken

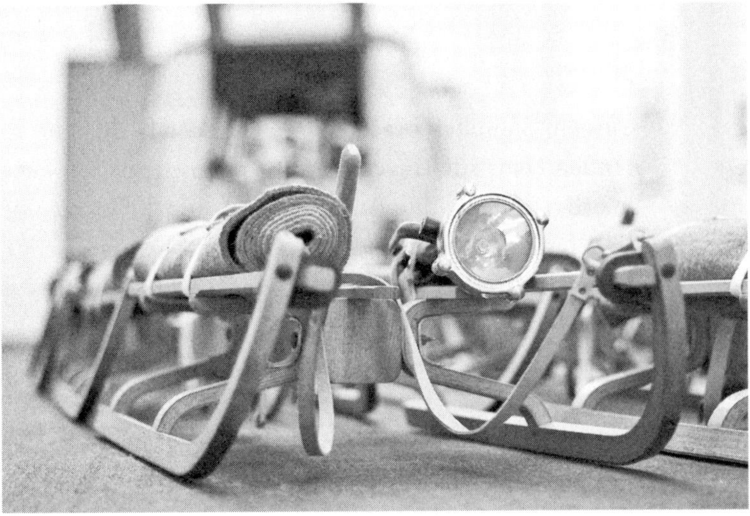

DAS RUDEL, 1969

in die Glieder gefahren, sie strebten fast panikartig von dem Bus weg in eine unbekannte Richtung. Die auf ihnen befestigten Taschenlampen waren nicht eingeschaltet, aber ihre funkelnden Glasscheiben lösten in mir vieldeutige Empfindungen aus. Waren es Augen von Tieren, vielleicht von Wölfen, die uns verfolgten, oder Lichtquellen, die uns in der Nacht Sicht gaben? Ich meinte, die Fettkuchen riechen zu können, die auf den Schlitten wie ein Stück armseliger Restnahrung klebten. Stellte mir vor, wie sie schmeckten bzw. was passierte, wenn man sie erwärmte. Die Filzdecken und die medizinischen Gurte, mit denen sie befestigt waren, erinnerten an Krankenhäuser und Unfallwagen. Als Kind hatte ich einmal bei einem Brand in der Nähe unserer Wohnung die Feuerwehr bei ihren Rettungsaktionen beobachten können: Sanitäter brachten Menschen aus dem brennenden Haus auf Tragen heraus, an denen solche Gurte befestigt waren. Eine Aura von Tod und Lebensgefahr umgab diese Schlitten, gleichzeitig etwas Altmodisches, das jenseits moderner Hightechmedizin angesiedelt war und an vergangene Kriege erinnerte.

Ich hatte nie zuvor Fett und Filz als Materialien eines Kunstwerks gesehen, aber sie stießen mich nicht ab. Als der Museumswächter einmal weg war, fasste ich kurz den Filz an und meinte, durch seine Sprödigkeit hindurch Wärme zu spüren. Ich stellte mir vor, wie es wäre, sich damit zuzudecken, und spürte trotz des rauen Materials ein Gefühl der Geborgenheit. Wenn es nur kalt genug ist, so dachte ich, ist man für jeden Wärmespeicher dankbar. Etwas tief Existenzielles ging von dem Kunstwerk aus, wie ich es noch in keinem Museum empfunden hatte. Starke Grundgefühle wurden aufgerührt, die mit Angst, Tod, Einsamkeit, Verletzung, Kälte, Ausgesetztsein zu tun hatten. Doch trotz allem Schrecken ging auch etwas Wohltuendes und Aufbauendes von dem Objekt aus. Neben Kälte war auch Wärme zu spüren, neben Dunkelheit Licht, neben Verletzung Heilung und nahende Hilfe. Während einige Museumsbesucher sich kopfschüttelnd abwandten und in anderen Räumen nach »echter Kunst« suchten, hatte ich das Gefühl, einem ganz besonderen Werk und einem ganz besonderen Künstler begegnet zu sein.

Seltsam aufgewühlt ging ich nach Hause und ich erinnere mich noch daran, dass ich am Mittagstisch keinem etwas von meinem Erlebnis erzählte. Ich hatte etwas Intimes und für mich Neues erfahren und fühlte mich erhoben über die enge, bürgerliche Atmosphäre meines Elternhauses. Still wurde gegessen, und nur das Klappern des Bestecks war zu hören. Ich spürte meinen Vater und meine Mutter neben mir und dachte: Ich habe heute etwas Besonderes gesehen, das eure Grenzen und die der Schule weit übersteigt. Es gibt Menschen, die machen aus einfachen, ja schäbigen Dingen aufregende Zauberstücke, die nichts mit »schönen« Gemälden oder Skulpturen zu tun haben und dennoch weite Fantasieräume aufreißen können.

Die Welt ist groß, unendlich viel größer als eure Vorstellungen von Kunst, Arbeit, Lebenssinn, Ordnung und Schönheit. Ich werde bald auch auf Schlitten mit funkelnden Lampen durch die Nacht fahren und dort aufregende Dinge erleben.

Beuys und seine Kunst haben mich seit diesem Erlebnis immer wieder begleitet. Er war oft im Fernsehen, und wenn mein Vater mal wieder über dessen ungewöhnliche Kleidung oder über moderne Kunst schimpfte, dachte ich an meine Begegnung mit dem »Rudel« zurück. Dann wurde mir innerlich warm. Ich konnte Beuys nie als Scharlatan oder Verrückten sehen, sondern empfand ihn vielmehr als Hüter und Beschützer von etwas, das ich nicht so recht in Worte fassen konnte. Seine vielfach verwendeten Hirtenstäbe und die Bemerkung, dass er sich als Kind gerne als »Hirte« gesehen hatte, ergaben für mich Sinn. Es ging ein guter Geist von ihm aus, Wärme, Innigkeit – und auch ein sanfter Schubs nach dem Motto: Geh immer weiter, mach dein eigenes Ding!

Auf den Documenta-Ausstellungen 1977 und 1982, wo ich jeweils mehrere Tage verbrachte, sah ich Beuys dann auch persönlich, an der »Honigpumpe« und an den »7000 Eichen« hantierend oder im Gespräch mit Künstlerkollegen, Mitarbeitern und Zuhörern im Tagungsraum der Freien Internationalen Universität (FIU). Nie werde ich das pumpende, rauschende und schlürfende Geräusch des Honigs vergessen, der 1977 alle paar Minuten durch die Plastikschläuche in die Documenta-Räume strömte und die über Kunst diskutierenden Menschen in Staunen versetzte.

Manchmal folgte ich Beuys in einiger Entfernung, wenn er in den Mittagspausen in die Cafeteria ging. Einmal tröstete er dort einen Künstlerkollegen, dessen fragile, draußen ausgestellte Werke über Nacht brachial zerstört worden waren. Auch das gehörte zu dieser Zeit und zur Aura von Beuys: heftige Reaktionen, Aversionen gegenüber moderner Kunst, ja Hassausbrüche, wie sie heute kaum mehr denkbar sind. Aber Beuys behielt die Ruhe und sprach dem aufgewühlten Kollegen in einer Art Trost zu, die mich bewegte. Darin war etwas

Mütterliches und auch etwas von einem Krieger, eine angenehme Mischung aus sensibler Weichheit und Entschiedenheit, dazu eine große Gefasstheit im Wissen darum, was Menschen anderen Menschen antun können, und der Zuspruch weiterzumachen. Vielleicht sogar das Vermögen, den Tätern zu verzeihen.

Das hatte etwas Christliches, zeigte aber auch Anklänge an den Zen-Buddhismus, den ich Jahre später intensiv praktizierte. Beuys, so dachte ich oft, war auch ein Zen-Meister, der seine Meditationen nicht auf einem schwarzen Kissen betrieb, sondern mitten im Gewühl der Großstädte. Kein stiller Japaner, sondern ein Typ, der eher aus der Mystik des deutschen Mittelalters zu kommen schien, wie aus einem Gemälde von Brueghel. Als ich auf einer Documenta einmal abends zu dem FIU-Raum zurückkehrte, um zu schauen, ob dort noch etwas los war, sah ich Beuys einsam und mit Hingabe den Raum ausfegen. Auch dies war ein Zen-Bild: der Mönch, der abends das Kloster kehrt und für den selbst die einfachsten Vorkehrungen heilig sind. Beuys schaute nicht auf von diesem Vorgang, der eine längere Zeit andauerte und von ihm sichtlich nicht wie eine lästige Pflicht ausgeführt wurde. Er schien mit seiner ganzen Konzentration bei dem großen Besen zu sein, als könne er sein Sensorium in dessen Haare versenken, die in jede Nische glitten und sanft Staub, Papierreste und sonstigen Abfall zu einem großen Berg in der Mitte des Raumes versammelten.

Hirte, Heiler, Schamane: Ich hatte nichts gegen solche Bezeichnungen von Beuys, da sie wertvolle Tätigkeitsfelder ausdrücken, die in unserer schnelllebigen und auf Profit ausgerichteten Zeit immer weniger Ansehen genießen. Bis heute wirkt die Ruhe dieses Mannes in mir nach und strahlt bis in die entlegensten Zeichnungen und Installationen seines Werkes aus. Hab Geduld, harre aus, geh tiefer hinein, halte deine Vorurteile zurück, warte, bis sich etwas von selbst zeigt, ruft diese Aura mir zu – und hilft mir, das Spröde und Kryptische vieler seiner Arbeiten besser auszuhalten. »Jeder Gegenstand, wohl beschaut, schließt ein neues Organ in uns auf«, heißt eine Maxime von Goethe. Beuys führt diese Erkenntnis in unsere heutige Zeit fort.

Dieser Künstler hat immer noch viel zu bieten, da er keinen Moden anhängt und keine Programme politischer Korrektheit bedienen muss. Gerade durch seinen Mut, auch Verdrängtes – notfalls provozierend – anzusprechen, ist er Künstler im eigentlichen Sinne. Ein Querdenker, Grenzgänger, ungeschützter als Wissenschaftler oder Journalisten, die oft im sicheren Gehäuse ihrer an den Zeitgeist angepassten Weltanschauung sitzen. Nicht umsonst heißt eine von Beuys' eindrucksvollsten Installationen »zeige deine Wunde«. Er hat seine Wunden gezeigt – nicht nur im physischen Sinne – und gleichzeitig eine »Sprache der Heilung« skizziert, über die nachzudenken uns heute wieder guttut. Er war, um mit einem Begriff von C. G. Jung zu sprechen, ein »verwundeter Heiler«. Die spirituelle Dimension seiner Kunst spielt sich für mich vor allem zwischen den Polen Kälte und Wärme, Verwundung und Heilung ab. Spiritualität ist heute oft ein Schlagwort, aber bei Beuys ist sie gleichsam mit Händen greifbar. Sie ist nicht nur in seinem Interesse für Mythologie, Alchemie, Keltentum, Mystik, Schamanismus, Anthroposophie und Rosenkreuzertum begründet, sondern in seinem tiefen Verständnis für die Mysterien von Transformation, Metamorphose und Heilung. Seit seiner Kindheit hat dieser Künstler erfahren, dass in diesen Vorgängen ein geistiges Substrat jenseits der stofflich-sichtbaren Welt zu wirken scheint, dem er seine Geheimnisse abzulauschen versuchte. Dem will das folgende Buch nachspüren. Es ist keine Biografie oder kunsthistorische Studie. Es entstand parallel zu dem gleichnamigen Film und enthält neben Schilderungen der Dreharbeiten auch persönliche Reflexionen zu Werk und Leben von Beuys, die ich während dieser Zeit aufgeschrieben habe.

WINTERSCHÄDELERLEBNIS

Bis heute ist der Name Beuys bei vielen Menschen mit einer Geschichte verbunden, die der Künstler über seinen Flugzeugabsturz auf der Krim im März 1944 erzählt hat. Beuys war im Zweiten Weltkrieg Bordfunker und Schütze eines Kampfflugzeugs, einer Stuka 87, gewesen, die vermutlich vom Kurs abgekommen und in heftige Seitenwinde geraten war. Eine Art Bruchlandung nahe dem heutigen Ort Snamjanka in der Ukraine war die Folge, bei der der Pilot Hans Laurinck getötet wurde. Beuys beschreibt, wie er tagelang bewusstlos gewesen und von nomadisierenden Tataren gerettet worden sei. Sie hätten ihn mit Fett eingeschmiert, in Filz gehüllt und in ihren Zelten mit Quark und Milch aufgepäppelt. Filz und Fett – so die sich daraus ergebende Lesart – seien also für ihn keine Spielereien gewesen, sondern existenziell aufgeladene Materialien, die mit Erfahrungen von Not, Rettung und Heilung zu tun hatten.

Spätere Recherchen ergaben, dass es zu dieser Zeit keine nomadisierenden Tataren mehr auf der Krim gab und dass Beuys schon 24 Stunden nach dem Unfall mit leichteren Verletzungen im deutschen Lazarett aufgetaucht war. In einem erst 2013 veröffentlichten Beileidsbrief an die Familie des getöteten Piloten Laurinck schreibt Beuys selbst, dass er von russischen Arbeitern und Frauen aus den Trümmern geborgen worden sei. Zudem erfuhr der Künstler Jörg Herold, der vor Ort Menschen nach dem Vorfall befragte, dass in den tatarischen Gemeinschaften nichts von einer solchen Rettung eines deutschen Soldaten berichtet worden sei. Das sei umso auffälliger, als diese Gesellschaft sehr geschlossen sei, beständige Überlieferungen daher kenne und sich ein solches Ereignis unbedingt herumgesprochen hätte. War also das naive Publikum Beuys' Mythos von den heilenden Tataren aufgesessen, der Selbstinszenierung eines Künstlers, der es mit der Wahrheit nicht so genau nimmt?[1]

Seit ich diese Geschichte das erste Mal hörte, hat sie mich fasziniert, und seltsamerweise haben die Enthüllungen ihre Kraft nicht geschmälert. Ich lese Beuys' Bericht als Teil einer poetischen Biografie, wie er sie etwa in seinem *Lebenslauf/Werklauf* vorgelegt hat. Dort bezeichnet er schon sein Geburtsjahr 1921 als »Ausstellung einer mit Heftpflaster zusammengezogenen Wunde«.[2] Spätere Jahre umschreibt er als »Ausstellung eines Hirschführers« (1926), »Ausstellung an Dschingis Khans Grab« (1929) und »Ausstellung von Heidekräutern und Heilkräutern« (1930). Beuys deutet sein Leben als Stationen von »Ausstellungen«, der Gedanke des plastischen Gestaltens wird schon für die Kindheit verwendet. Man macht etwas aus dem Vorgefundenen, deutet es, formt es, gießt es in ein Bild – und stellt dieses dann aus. Letztlich erzählt eine solche Biografie mehr über das Innenleben eines Menschen als äußere Daten. Bilder wie das der Heftpflaster-Wunde, des Hirschführers und der Heidekräuter deuten den Erlebnisbereich eines Heranwachsenden an, der die Natur als Refugium gegen Verletzungen in der Menschenwelt anrief: eine typische Beuys-Konstellation.

Ich vermutete Ähnliches für die Tatarengeschichte und suchte den Text heraus, in dem Beuys das erste Mal darüber öffentlich spricht. Beim Lesen fiel mir die stockende Diktion des sonst so wortgewandten Künstlers auf. 1976 teilte Beuys dem Kunstkritiker Georg Jappe mit:

> »Na, dann hab ich – sie haben – das hab ich noch erlebt, als sie, als ich Stimmen hörte, diese Tataren, und als sie da im Blech am Kramen waren, das über mich … lag, und daß sie mich gefunden haben, und so um mich rumstanden, und daß ich dann gesagt habe woda, also Wasser sollte man – und dann hat's mir ausgesetzt, nö. (Pause) Naja, das war nur, um den Vorgang zu haben, warum ich das überlebt habe, was – normalerweise kein Mensch überlebt (…)
> Die haben mich dann in die Hütte genommen. Und da habe ich alle Bilder, die ich gehabt habe, nicht in vollem Bewußtsein gehabt. Das

Bewußtsein habe ich praktisch erst nach zwölf Tagen wiederbekommen, da lag ich schon in einem deutschen Lazarett. Aber da – da sind mir all die Bilder, sind mir ganz, also … eingegangen. In übersetzter Form, kann man sagen. Die Zelte, also die hatten Filzzelte, das ganze Gehabe von den Leuten, das mit dem Fett, das ist sowieso wie … ein ganz allgemeiner Geruch in den Häusern, auch das Hantieren mit dem Käse und dem Fett und Milch und Quark – so wo die mit hantieren, das ist praktisch alles so in mich eingegangen; ich habe das wirklich erlebt. Man könnte sagen, ein Schlüsselerlebnis, an das man ankoppeln konnte. Aber das ist natürlich ein bißchen komplizierter. Denn ich habe ja nicht diese Filzsachen gemacht, um etwas darzustellen von den Tataren …«[3]

Wie spricht Beuys hier, der oft durch seine geschliffene Rhetorik zu faszinieren wusste? Unvollständig, stockend, brüchig, mit seltsamem Satzbau, Grammatikfehlern und der Redewendung, dass ihm »in übersetzter« Form Bilder eingegangen seien. Er kramt in seinem Gedächtnis nach einem Vorfall, der 32 Jahre vergangen ist, und es wirkt, als hole er mühsam Brocken für Brocken wieder aus einem dunklen Schacht heraus. Es sind Bilder, Gerüche, Hörempfindungen, Geräusche, ein sehr sinnliches Arsenal von Eindrücken, das unmittelbar zu faszinieren vermag. Wir wohnen einem Vorgang des Tastens, des Suchens bei, einem Durchmischen von Erfahrungsresten, Stimmungen und Visionen.

Ich kann gut mit dieser Geschichte leben, weil ich zu verstehen glaube, warum Beuys sie so erzählt. Als Kind, so sagt er, habe er sich »im Bilde« des Hirten wohlgefühlt. In einem Bild leben, sich darin einrichten, Halt, Orientierung und Identität finden: ein sehr menschliches Bedürfnis, das wir alle teilen und bei dem nicht zu klären ist, wo genau die Grenze zwischen Faktum und Imagination verläuft. Mir ist es letztlich egal, ob Beuys wirklich Tataren in der winterlichen Steppe getroffen hat oder nur einen, der ihm von seinen Ahnen oder Verwandten erzählte. Ob er von ihnen schon als Kind oder erst später gelesen hat. Tatsache bleibt, dass er das Thema der Nomaden und auch das des Winters in vielen Werken weiter umkreiste, als ob es ihn getroffen habe, real oder in der Imagination. Auch der Schamanismus, der mit der Naturverbundenheit der Nomaden zusammenhängt, beschäftigte ihn immer wieder. Ein mächtiger Vorstellungskomplex, genährt durch vielfältige Erfahrungen, von denen die wenigsten »faktisch« sein müssen. Aber ein Komplex, der ungemein fruchtbar für das Werk werden konnte.

Eine interessante Parallele ergibt sich hier zur Geschichte eines anderen bedeutenden Künstlers des 20. Jahrhunderts, die später ebenfalls in Zweifel gezogen wurde. Jim Morrison, der Sänger der »Doors«, erzählte immer wieder, dass er einst als Vierjähriger in der Wüste von New Mexico Zeuge eines schrecklichen Autounfalls geworden sei.[4] Im Wagen hinter seinen Eltern sitzend, habe er in der Dämmerung auf der Fahrbahn Indianer beobachtet, die schwer verletzt zwischen umgestürzten

Lastwagen herumgekrochen seien. Der Vater habe angehalten, sei aber dann – als er merkte, dass er nicht helfen konnte – weitergefahren. Ohnmächtig habe der kleine Junge die Opfer zurücklassen müssen, bis er plötzlich spürte, dass der Geist eines der Indianer in seinen Schädel geschlüpft sei, der »fragil wie eine Eierschale« gewesen sei. Seitdem habe dieser Geist ihn nicht mehr verlassen und sei ein Inspirator für viele Lieder und Gedichte geworden. Auch hier begaben sich Fans und Kritiker – vergebens – auf Spurensuche, um das Ereignis zu verifizieren. Morrisons Eltern bestritten später den Vorfall bzw. erklärten, dass er ganz anders als in der Darstellung ihres Sohnes gewesen sei.

Für mich ist Morrisons Indianergeschichte – wie Beuys' Tatarenlegende – ein Stück Poesie, das man nicht besser hätte erfinden können. Beides sind Rettungs- oder Heilungsfantasien, die in einer Notlage Trost, Identität und Inspiration lieferten: lebensrettende Maßnahmen von ästhetischer Kraft und Schönheit. Morrisons Vater war ein hoher General der US-Navy und befehligte einen Flugzeugträger, von dem aus Vietnam bombardiert wurde. Der sensible, in Träumen lebende und künstlerisch begabte Sohn hatte ein extrem schlechtes Verhältnis zu ihm und brach später den Kontakt zu seinen Eltern ganz ab. Man kann sich vorstellen, wie es Jim als Kind in der rauen Soldatenwelt der Marine ging, wohin ihn sein Vater oft mitnahm. Und man kann vermuten, dass die Indianer und ihre Spiritualität für den

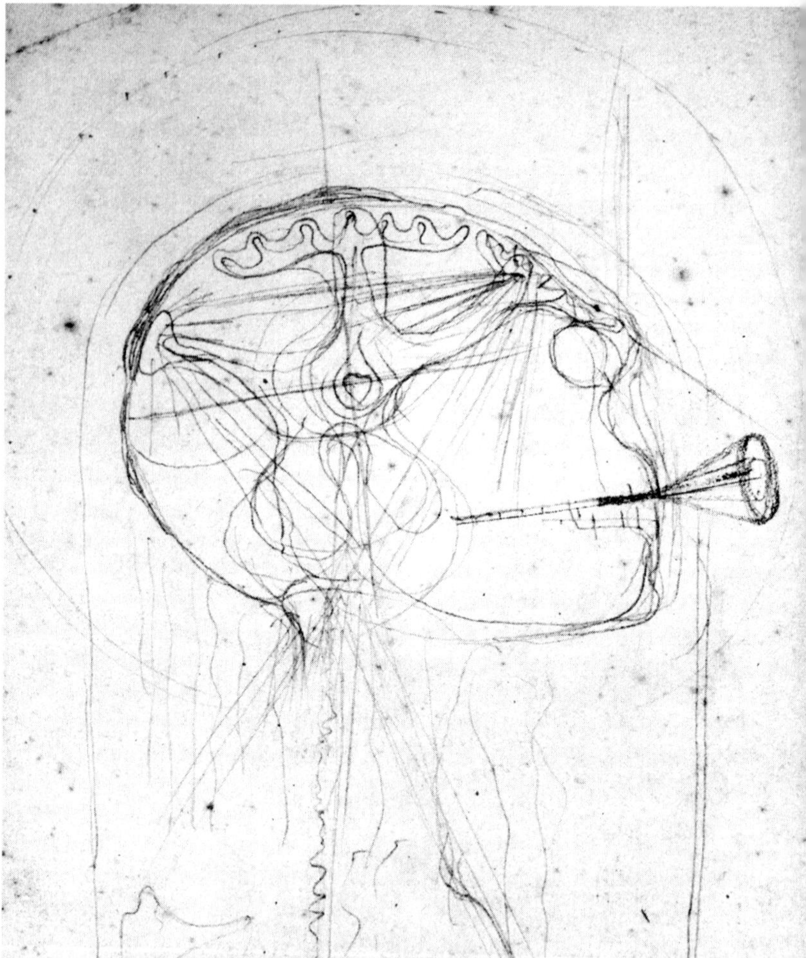

WINTERSCHÄDELERLEBNIS, 1951

jungen Rockpoeten das erlösende Gegenbild zur pragmatisch orientierten, disziplinierten Vaterwelt darstellten. Kein Wunder, dass sich schon das Kind ihre Geister als Gefährten auswählte und nicht den imperialistischen Geist des »weißen Amerika«. Ähnlich Beuys, der wohl in der Kultur der Nomaden auch eine Art Gegenentwurf zur ihn umgebenden »Erwachsenenwelt« sah, zu den saturierten Bürgern, die nicht von ihrem Sofakissen hochkommen und Natur nur in Form von Balkonpflanzen und Schrebergärten kennen, zu einem Wirtschaftswunder-Deutschland, das sich nach dem Krieg die Kühlschränke vollstopfte und Spiritualität in den hintersten Winkel der Gesellschaft verbannte. Vielleicht begegnete Beuys der nomadischen Kultur schon in Kinderbüchern, später in ethnologischer Literatur, möglicherweise in versprengten Relikten auch noch auf der Krim. Seine Wintergeschichte hat ihm geholfen, war vielleicht – lange bevor er sie öffentlich erzählte – schon der Katalysator für einen geistigen Neuanfang nach dem Krieg.

Eine rätselhafte Zeichnung von Beuys heißt »Winterschädelerlebnis« (1951) und zeigt – wie eine Röntgenaufnahme – das seltsame Innenleben eines Kopfes. Eine Figur mit einem kleinen Herzen in der Mitte ist darin, halb Pflanze, halb Wesen mit Geweih, dessen Glieder sich nach oben zum Schädeldach spreizen. Es könnte auch, ganz ähnlich wie bei Jim Morrison, ein tanzender

Geist sein, der lebendig von innen wirkt, das Schädeldach trägt und Herzenskraft spendet. Durch den Mund ragt ein Trichter, von dem man nicht sagen kann, ob er etwas heraus- oder hineinlassen soll. Ist es ein Schalltrichter, der die Botschaften der im Inneren lebenden »Muse« nach außen trägt? Oder nährt diese sich durch die Röhre, die ihr Einflüsse der Außenwelt zuträgt? Warum »Winterschädelerlebnis«? Ist der Winter die Jahreszeit, in der unser Innenleben aufgrund von mangelnden Außenreizen besonders aktiv ist? In der wir eine besondere Kraft brauchen, die uns Wärme zupumpt?

Ich muss bei diesem Titel immer an die Absturzgeschichte von Beuys denken, zumal er bei dem Flugzeugunfall auch Kopfverletzungen erlitt. Beschwor er in der Zeichnung die Gegenkräfte zu den Beschädigungen von außen: die Regenerationskraft des Geistes, die Überwindung des Traumas durch Fantasie, der Kälte durch kreative Wärme? Wird das Bild so zur Darstellung eines Einweihungsgeschehens wie in den Zeichnungen »Schlaf im Schnee« und »Initiation«, die sich in dem Katalog mit dem vielsagenden Titel *Innere Mongolei*[5] finden? Es sind allesamt Bilder, die die Leere weißer Landschaften umkreisen, seien es reale Winterlandschaften oder solche des Geistes. Darin befindet sich ein Mensch, der etwas empfängt – und zwar aus einer Leere, die vielleicht Erweckungserlebnisse gerade durch das Fehlen äußerer Fülle stimuliert.

Über den Komplex »Beuys und der Winter« gibt es eine faszinierende Geschichte des Anthroposophen Günther Mancke, der mit Beuys bei Ewald Mataré studierte. Mancke hatte sich nach dem Krieg in eine Künstlerkolonie in der Hocheifel zurückgezogen, um dort ungestört arbeiten und Rudolf Steiner lesen zu können.

> »Beuys kam regelmässig unregelmässig [sic] hierher«, erzählte Mancke der Kunsthistorikerin Rhea Thönges-Stringaris, »da war es morgens drei oder vier Uhr mitten im Winter, hoher Schnee, es klopfte, und da war er durch den Schnee gekommen, von Daun her. Er hatte Mitfahrgelegenheit gehabt bis Daun und ist zu Fuss rüber über die Berge gekommen (…) Das sind mehr als 16 Kilometer, der war mindestens sieben, acht Stunden unterwegs, in der Dunkelheit gegangen im Winter. Um drei Uhr war er dann da und hatte das Brandenburger Konzert unterm Arm, wir hatten so einen Holzkasten mit einer Kurbel dran, und dann wurde das Brandenburger Konzert von Bach aufgespult! Das war eine wunderbare Zeit, es war einmal eine Zeit für einen selbst: es war kein Licht da, es war kein Wasser da – wir holten das Wasser an der Quelle –, wir haben mit Kerzenbeleuchtung gelesen.«[6]

Was für eine Geschichte. Ein Mann wandert stundenlang durch zugeschneite Wälder, um frühmorgens irgendwo anzukommen, wo menschliche Gemeinschaft, Licht und Wärme sind und man gemeinsam Bach hört. Ein Winter unmittelbar nach dem Krieg, auch ein Sinnbild für die allgemeine Ödnis und Kargheit, wo es an allem fehlte und geistige Bedürfnisse stark waren. Ich fragte mich bei dieser Geschichte oft, was Beuys wohl bei dieser langen Nachtwanderung durch den Kopf gegangen war. Und ich glaube, da rannte keiner mit klappernden Zähnen durch einen unheimlichen Winterwald, sondern durchwanderte mit offenen Sinnen einen tief berührenden und geheimnisvollen Raum. Einen Raum der Stille und monochromen Fülle, beides für mich auch Merkmale vieler Beuys-Werke. Die »Tatarenlegende« entschlüsselt sich nicht durch kriminologische Recherchen, sondern durch den Kontext mit dem Werk. Sie ist selbst ein Teil davon und einzig die Frage interessiert, welche Art von Energie dieser Mythos in sich birgt. Bei Beuys ist diese Energie beträchtlich und führt in seine »innere Mongolei«. Dies ist ein Land, das wir nicht – wie etwa den Mars – mit einem Forschungsgerät der NASA untersuchen können. Es ist vielmehr ein Innenraum, für den es anderer Sensorien bedarf und der für uns immer noch so unbekannt, so eine »Terra incognita« ist wie der entfernteste Planet.

ERBE UND SOHN LOHENGRINS

Nicht nur die Natur hilft dem jungen Beuys, Einsamkeit, Entfremdung von der Erwachsenenwelt und seelische Verletzungen zu heilen, sondern auch mythologische Figuren. Sein Werk ist voll von ihnen: Ostara, Lohengrin, Parzival, König Arthur, Leda, Diana, Apollo, Dionysos, Thor, Loki, Nornen, keltische Götter wie Penninus und der gehörnte Cernunnos. All dies sind mythische Figuren, die als kraftvolle Sinnbilder für seelische Erfahrungen dienen, die sich anders nicht umschreiben lassen. Es sind keine Unwahrheiten oder Verschleierungen, mit denen der Begriff »Mythos« heute im allgemeinen Sprachgebrauch gerne assoziiert wird, sondern präzise Beschreibungen in einer nicht begrifflichen Sprache. Wer sie nicht lesen kann, neigt dazu, sie als dunkel und irrational abzuwerten. Beuys konnte sie lesen und spielte gerne mit diesen Bildern. In einem Multiple von 1974 mit dem Titel »Testament« bezeichnete er sich als einen Sohn und Erben Lohengrins. Auf dem in englischer Sprache gedruckten Testamentsformular heißt es: »This is the last Will and Testament of me: Joseph Beuys, of Lohengrin, in the County of: Grafschaft Cleve.«[7]

Die Herzöge von Kleve, so Beuys, hätten einen regelrechten Schwanenkult betrieben, auf ihrer Burg thronte ein Schwan, den er als Kind immer vor Augen hatte. Die damit verknüpfte Sage mag die Fantasie des Heranwachsenden in Schwingungen versetzt haben. Sie erzählt vom Mut eines geheimnisvollen Ritters, der – wie Lohengrin in der gleichnamigen Wagneroper – einer jungen, unverheirateten Burgherrin erschienen sei, um sie gegen ihre Feinde zu verteidigen. Die beiden heirateten, hatten Kinder, aber der Ritter verbot seiner Gemahlin, ihn jemals nach seinem Namen und seiner Herkunft zu fragen. Doch die Kinder bedrängten die Mutter, und als diese dem Ritter schließlich doch die verbotenen Fragen stellte, sagte er, dass er Elias heiße und aus einem fernen Gralsreich komme. Im selben Moment tauchte ein Schwan auf und verschwand mit ihm auf Nimmerwiedersehen. Es ist nicht schwer, sich vorzustellen, wie so eine Geschichte die Imagination eines Heranwachsenden – und später die eines Künstlers – beflügelt. Ein sanfter Held, der nicht auf einem Pferd, sondern auf einem Schwan reitet, kommt aus einem mysteriösen Land, das mit Idealen und geistiger Suche zu tun hat, aber nicht näher ausgemalt wird. Er tut Gutes, ohne sich selbst allzu sehr in den Mittelpunkt zu stellen. Am Ende verschwindet er, kein Ehemann aus Fleisch und Blut, sondern ein Bote aus einer anderen Welt, aus der gelegentlich Signale auf die Erde gesandt werden. Beuys sprach nicht viel über die Gralswelt, aber Hinweise darauf tauchen in seinem Werk immer wieder auf: Brücken zu dem, was die keltische Mythologie die »Anderswelt« nennt, die Beuys weniger als Esoteriker denn als Künstler zu erkunden versuchte.

Auch andere starke Bilder inspirieren den jungen Beuys:

> »Wenn Bezeichnungen wie ›Hirschführer‹ oder ›Dschingis Khans Grab‹ auftauchen, so sind dies Dinge, die man grundsätzlich psychologisch deuten kann: primäre Erlebnisse, zum Teil Träume, die man als Kind wirklich erlebt; traumhafte oder außerordentlich subjektive Vorstellungen, die sich später im Laufe des Werdegangs als objektiv zusammenhängend herausstellen. Als Kind erfährt man die Dinge ziemlich bildhaft, wenigstens mir ging es so, indem ich das, was ich irgendwie in Erfahrung gebracht hatte, nachspielte. Ich kann mich noch gut erinnern, daß ich mich jahrelang verhalten habe wie ein Hirte, das heißt, ich bin herumgelaufen mit einem Stab, einer Art ›Eurasienstab‹, wie er später auftaucht, und hatte immer eine imaginäre Herde um mich versammelt. (...) In diesem Bild habe ich mich sehr wohlgefühlt, wobei ich Erlebnisse, die ich hatte, sofort zu verarbeiten suchte. Ich fing an, mich für Pflanzen, für Botanik zu interessieren, und kannte, da ich es in vielen Heften zu Papier brachte, fast alles, was es auf diesem Gebiet überhaupt gab. Mit anderen Kindern wurden regelrechte Exkursionen veranstaltet, wir legten Sammlungen an und machten diese öffentlich zugänglich. Natürlich hatte das alles noch Spielcharakter. So wurden aus alten Tüchern, Lumpen und Res-

ten, die wir uns erbettelt hatten, große Zeltbauten ausgeführt und darin jene Dinge gezeigt, die wir gesammelt hatten (...) Es fanden auch umfangreiche Erdbewegungen statt, denn teilweise bauten wir in einem Labyrinth von Gräben unsere Räume unter der Erde. Dies alles spielte sich in Kleve ab zwischen 1925 und 1933.«[8]

Ist das wieder ein Zurechtbiegen der Biografie, um später interessant zu klingen und besser dazustehen als andere? Kinder leben in solchen Welten. Und wenn sie später Künstler werden, setzen sie diese Art des Erlebens vielleicht intensiver fort als die, die Finanzbeamter, Wissenschaftler, Politiker oder Banker werden. Vielleicht sind die Entlarver von Fantasiegeschichten insgeheim neidisch darauf, nicht mehr solche geistigen Spiel- und Freiräume zu haben? Leiden sie im Gefängnis ihrer trockenen Fakten, die keine Verbindung mehr zu ihrem Herzen haben? Beuys blieb Kind, was diese Imaginationskraft angeht, und es gibt kaum einen Künstler des 20. Jahrhunderts, der in seinem Bereich ein so »wildes Denken« praktiziert hat wie er. Vielleicht zog er sich auch daher so viele Verdächtigungen und Aggressionen zu.

Der junge Beuys lebt als »Hirte« in der wasserreichen Landschaft um Kleve, die von weiten Himmeln, Mühlen, Armen des Altrheins und Kopfweiden geprägt ist. Letztere können fantastische Formen annehmen, und man kann sich leicht vorstellen, welche buckligen Geister ein Kind im Nebel oder in der Dämmerung darin sehen kann. Der Hirte streift umher, lebt in der Natur und erlebt mit seiner Herde hautnah die Phänomene von Tod und Geburt. Er steht mit einem Bein in der Zivilisation und mit dem anderen in der Wildnis. Die Forschung hat herausgearbeitet, dass dieser Berufsstand, der lange sozial geächtet war, immer auch mit magischen und heilkünstlerischen Fähigkeiten in Verbindung gebracht wurde.[9] Zahlreiche Hirten landeten im 16. und 17. Jahrhundert als »Hexer« oder »Werwölfe« vor Gericht und wurden zum Tode verurteilt. Das Bild des »Hirten« mag für den jungen Beuys gerade auch in seiner Abweichung vom Normierten anziehend gewesen sein und passt zu seiner späteren Faszination für Nomadentum und Schamanismus.

Für meinen Film besuchte ich im August 2014 die Gegend des Niederrheins rund um Kleve, um eindrucksvolle Bilder von jener Landschaft zu finden, die die Entwicklung des jungen Beuys mit geprägt hatte. Das war nicht einfach, da sich in den letzten 80 Jahren vieles drastisch verändert hat. Der Rhein ist heute oft überfüllt mit Lastkähnen, und die einst wohl menschenleeren Kolke befinden sich meist in Privatbesitz und sind mit Stacheldraht und Verbotsschildern abgesperrt. Wir mussten über viele rostige Zäune klettern, um an Wasserstellen zu kommen, die noch die Aura einer gewissen Einsamkeit und Traumverlorenheit umgibt.

Ein Ort dagegen hat sich bis heute seine magische Stimmung bewahrt: die Mühle von Donsbrüggen. Beuys ist oft mit seinem Vater, der unter anderem mit Mehl handelte, von Mühle zu Mühle gefahren und hat sicherlich viele Stunden in diesen Wundermaschinen verbracht. Mit knarrendem Geräusch drehten sich die riesigen Windräder auch, als wir Donsbrüggen bei den Dreharbeiten aufsuchten. Während ich mit der Kamera um die Mühle streifte, tauchte ich in eine Welt von Dingen ein, die – neben der Natur – wohl auch Beuys' Fantasie angeregt haben mögen. Alte Traktorräder, Spaten, verrostete Pflüge, Kisten, Werkzeuge, Rohre, Maschinenteile lagen dort herum, als würden sie schon Jahrzehnte vor sich hin träumen. Zum Teil waren sie überwuchert von Kräutern und langstieligen Pflanzen. Am Dach eines Gebäudes war eine Holzkiste mit einem Einflugloch befestigt, um Steinkäuzen den Nestbau zu ermöglichen. Hier war nahezu alles vereint, was sich in vielen Werken von Beuys findet: Tiere, Pflanzen, aber auch die Welt der Technik, das Abgelebte, Verrottete, Verbrauchte, alles dominiert von abgetönten, oft bräunlichen Farben. Im Inneren der Mühle hörte sich das Drehen der Räder ganz anders an als draußen, aber auch hier war ein starker Ort der Imagination. Sonnenlicht fiel durch die Holzritzen und tauchte manchen Gegenstand in eine poetische Aura. Hier war ein Mehlsack nicht nur eine Hülle für das Gemahlene, eine Schale nicht nur Aufbewahrungsort für Getreide, waren alte Räder nicht nur Funktionsträger eines mechanischen Getriebes. Durch das Licht und die Atmosphäre, die vom dunklen

Knarren der mächtigen Windflügel erfüllt war, wurden Grenzen aufgehoben. Jedes Ding verwandelte sich zu einem Meditationsobjekt, das auch in Bereiche jenseits seiner üblichen Definition hineinragte. Bienen summten in den Sonnenstrahlen herum, und Rohre und Maschinenteile auf dem Boden verbanden sich in meiner Fantasie zur Beuys'schen Honigpumpe. Organisches und Mechanisches waren nicht mehr starr voneinander getrennt. Bienen, Steinkäuze und Störche schienen in einer geheimen Allianz mit den Vorgängen in der Mühle zu leben, die aus den Früchten der Erde Mehl extrahiert. Dies war keine kalte Maschine, sondern ein warmer, hölzerner, sich bewegender Riesenapparat, der eher etwas mit einem Organismus als mit einem starren Räderwerk zu tun hatte. Dass Beuys hier starke Eindrücke und Visionen empfing, liegt auf der Hand. Donsbrüggen erwähnt er im *Lebenslauf/Werklauf* als Ort einer »Ausstellung von Heidekräutern nebst Heilkräutern«. Ich sah im Geiste getrocknete Kräuter vor mir, die liebevoll gepresst und beschriftet an der Wand hingen, und dachte an die Erinnerung von Sonja Mataré, wonach Beuys jede Pflanze mit ihrem lateinischen Namen gekannt habe.

Der junge, durch die Landschaft streifende »Hirte« zeigt schon früh einen bemerkenswerten Forschergeist. Zwar hat Beuys nie ein naturwissenschaftliches Universitätsstudium absolviert, aber er erwirbt im Laufe seines Lebens fundierte Kenntnisse über Tiere, Pflanzen, Mineralien und Metalle. Viele Zeichnungen wirken wie ein Echo auf diese frühen Erfahrungen: abstrakte Blumenaquarelle, die wie Farbexplosionen daherkommen, zarte Pflanzenwesen, die der Sonne entgegenstreben, Bilder »sterbender Blumen« oder ein »Mondän frisierter und mit Silbernadeln durchstochener Baum«. Lange kann man davor verweilen und in immer tiefere Bedeutungsschichten vordringen. Ähnlich wie bei anderen großen Zeichnern spürt man, dass intensive realistische Vorstudien nötig waren, um mit ein paar Strichen so sicher erzählen zu können. Spirituell ist diese Kunst von Anfang an, weil sie das Wesenhafte und Geheimnisvolle der Natur in den Mittelpunkt stellt.

Das machen Kinder intuitiv auch, doch im Erwachsenenalter werden sie nüchterner und begnügen sich mit den erlernten Etikettierungen: Das ist eine Eiche, das ein Hirsch und das ein Hase. Beuys wird in diesem Sinne nie erwachsen. Was ihn als Kind gegenüber einem Baum oder einem Tier gepackt hat, wird ihn nicht mehr loslassen, und er versucht, dieses sich allen wissenschaftlichen Begriffen Entziehende immer neu zu umkreisen. Etwas Animistisches ist darin, wie es frühe Kulturen besaßen und wie es die deutsche Romantik weitergeführt hat. Auch ein Bezug zum Märchen, den Beuys in einer Talkshow des ORF selbst herstellte:

> »Es wäre doch auch sehr schön, wenn die Menschen das, was ich mache und was ich eigentlich bin, viel einfacher erklären könnten und würden sagen: Da erzählt ein Mensch etwas völlig Unverständ-

liches, erzählt so etwas, von dem ich das Gefühl habe, es in Märchen gehört zu haben. Und er könnte mich doch durchaus als einen Märchenerzähler wahrnehmen, wo geheimnisvolle Figuren ins Spiel kommen, ein toter Hase tritt auf wie in einem Märchen, es wird von Kaninchen gesprochen, es gibt eine Sache mit einem Schwan, es gibt den toten Hirschen, dann spricht er auf einmal von Hirschdenkmälern. Das heißt: Wäre es nicht eigentlich richtig, dass man die Weise des Erzählens der Märchen mal heranzöge, um an dem Gehalt der Märchen – wenn man auf sie eingeht – festzustellen, dass diese Märchen ja eigentlich einer viel tieferen Wirklichkeit von Weltinhalt entsprechen als jede einfache rationale Beschreibung irgendeines sogenannten exakten naturwissenschaftlichen Vorgangs? Das wäre doch eigentlich genug.«[10]

DIONYSOS IN WEIMAR

Beuys' Jugend fällt in die Zeit des Nationalsozialismus und des Zweiten Weltkriegs. 1933 ist er zwölf Jahre alt, tritt wie viele andere der Hitlerjugend bei und wird später Soldat. Kritiker warfen ihm immer wieder vor, zu beschönigend über diese dunkle Zeit und das Militär gesprochen zu haben oder durch die NS-Propaganda mit nordischer Mythologie »infiziert« worden zu sein. Aber Beuys handelte wohl nicht anders als viele seiner Altersgenossen, und es gibt keinen Beleg dafür, dass er den Germanenkult der Nazis übernommen hat. Die wenigen Male, wo Elemente aus der »Edda« in seinem Werk auftauchen, zeichnen sich eher durch Humor aus (»Brünhilde in der Küche«, »Thor und Loki« als Hammer und Zange) und haben nie den martialischen Charakter, den der NS-Staat an nordischen Helden und Mythen schätzte.

Auch das frühe Gedicht »Nordischer Frühling«, dessen Titel vielleicht auf den ersten Blick »völkisch« anmutet, entpuppt sich bei näherem Hinsehen als etwas ganz anderes. Im Mai 1942 ist Beuys als Soldat in Erfurt stationiert und nutzt ein paar freie Tage zu einem Besuch im nahen Weimar. Dort besucht er das Nietzsche-Archiv, das Goethe- und das Schillerhaus. Anschließend verweilt er im Park des Schlosses Belvedere und genießt den Frühling, den er in einem Gedicht besingt:

»O Frühling
Deine tausend Kräfte strömen in mich hinein
wenn ich durch den Wald gehe
wie Baum an Baum [hier] das frühe Licht empfangen
Durch das Filigran der Kronen fällt der rote
Schimmer auf die grünen Matten[.]
Drüben fliesst der Bach[.] Silberhell klingt es
wenn die kleinen Wellen lieblich über die bunten
Kiesel plätschern[.] Schon über die hoch hervor-
ragenden Steine zieht sich neujähriges Moos.
Und gleich neben dem Rinnsal das kräftige
Drängen in den strebenden Pflanzen. Alles
strebt gegen die herrlichen frühen Sonnenfenster
über mir. Dort kommt es rot und drüben
opalenes Blau. Und jetzt zittert es schimmernd
im Gras zwischen den Steinen.
Ostara wandelt über allen Matten. Eine
ungeheuere Spannung wird wachgerufen zwischen
Fauna u[.] Flora. Der Mensch fühlt das[s]
die Pflanzen und Tiere seine Verwandten sind.
Dieses – unend[l]iche Kraft dies dionysische Streben

u. Überquellen schafft der Mensch durch seine
geistige Schau der Realitäten in der Natur zum
Idealbild u. zum also geleuterten Kunstwerk
Zelle u. biol[o]gische Verwandlung. Die[s] pflanzliche
Wuchern und Überwuchern ohne Grenzen aus immer
neuen Quellen aus einer überschwenglichen, biologischen
Schöpfungskraft ist das was die Griechen mit dionysisch
bezeichnet haben. Der Mensch kann wandelt durch sein
Genie und seinen faustischen Willen das dionysische ins
apollinische
Apoll u. Dionysos
nordische Myt[h]ologie
Mai hinter Sch[l]oss Belvedere
(Weimar).«[11]

Für viele unbekannt ist der Name »Ostara«, der in der Mitte des Gedichts auftaucht. So wurde von Jacob Grimm in seinem Buch *Deutsche Mythologie* eine vermeintliche germanische Frühlingsgöttin bezeichnet, die die heutige Forschung als Erfindung des 19. Jahrhunderts betrachtet. Während des Dritten Reichs wurde krampfhaft nach allen möglichen Spuren germanischer Überlieferungen gesucht und die »Ostara« natürlich für echt gehalten. Bereits der österreichische Esoteriker Jörg Lanz von Liebenfels (1874–1954) benannte nach dieser Figur seine rassistischen Pamphlete, mit denen er die Welt vor der Überfremdung durch »Sodoms-Äfflinge« und »Tier- und Affenmenschen« schützen wollte.[12] Heute geistert die »Ostara« wieder – eher harmlos – durch neuheidnische Szenen und dient als Schutzpatronin eines Naturkultes, mit der die im Frühling erstarkende Sonne gefeiert wird.

Nichts deutet daraufhin, dass Beuys diesen Namen in Bezug auf irgendeine Rassenmythologie verwendete. Er mag ihm von der Schule her vertraut gewesen sein und wurde von ihm als Personifizierung der Regenerationskraft der Natur in das Gedicht eingebaut. Es geht darin auch nicht um die Verherrlichung des Germanischen, eher stehen die von Nietzsche übernommenen griechischen Götter Dionysos und Apollo im Vordergrund.[13] Der Text ist eigentlich Beuys' erste Kunsttheorie. Er beginnt mit genauen Beschreibungen der »Kräfte«, die der 21-Jährige in der wieder erwachenden Natur spürt: der Schimmer des Lichts, der Klang des vom Eis befreiten Baches, das »neujährige Moos«, das kräftige Drängen in den Pflanzen. Beuys ist überwältigt von der kreativen Kraft der Natur, die sich erneuert und vielfältige Formen hervorbringt.

Auch mir erging es so. Als ich im Frühsommer 2014 für die Dreharbeiten zu meinem Film den Park des Schlosses Belvedere besuchte, war ein ebenso sonnenfunkelnder Tag. Nur wenige Menschen waren unterwegs, und aus dem Fenster eines Schlosszimmers war eine Sopranstimme zu hören. Ich fühlte mich wie in eine andere Zeit versetzt. Lange suchte ich nach dem im Gedicht benannten »silberhellen Bach« und fand ihn nicht. Freundliche Arbeiter, die eines der Gebäude restaurierten, erklärten mir in breitem Sächsisch den Weg. Als ich den Bach endlich – schmal und unscheinbar – durch das Gras rieseln hörte, fand ich mich in Beuys' Text wieder. Hohe Pflanzenhalme säumten das Ufer des Bachs und strebten kraftvoll zu den »Sonnenfenstern« über mir. Die Üppigkeit der blühenden Natur hatte fast etwas Öbszönes, und ich konnte fühlen, was Beuys in Anlehnung an Nietzsche mit dem »dionysischen Überquellen« meint.

Nietzsche benennt in seiner Schrift *Die Geburt der Tragödie aus dem Geiste der Musik* mit Dionysos, dem Gott des Weines und des Rausches, den »künstlerischen Jubel« der Natur, der jenseits von Logik und Kausalität angesiedelt ist und der in der Antike mit besonderen Festen gefeiert wurde.[14] Beuys spürt hier das eigentliche Mysterium der Evolution, in dem sich immer wieder neue Ganzheiten bilden, die mehr sind als die Summe ihrer Teile. Die Natur ist verschwenderisch. Sie schafft im Übermaß, ist – wie bereits Goethe und Haeckel wussten – eine »Künstlerin«, die im Rausch der Formen und Farben schwelgt. Blumen müssen nicht besonders schön sein, um von Insekten bestäubt zu werden. Warum gibt es dann so viel Schönheit unter ihnen? Warum so viel Spiel in der Natur, wo doch das Zweckmäßige im streng darwinistischen Sinne ökonomischer wäre? Warum so viel Überschuss, Übertreibung, Vielfalt, Variantenreichtum? Beuys spricht in seinem Gedicht vom

»Wuchern und Überwuchern ohne Grenzen aus immer neuen Quellen«, wobei deutlich wird, dass diese Quellen für ihn ein Geheimnis bleiben. Er spürt, dass Ähnliches im schöpferischen Akt des Künstlers stattfindet, und fühlt sich angeschlossen an diese evolutionäre Kraft, die älter ist als er und weit über ihn hinausragt.

Wenn man will, kann man dieses Erlebnis im Weimarer Schlosspark eine mystische Erfahrung nennen, die aber mehr ist als bloß passive Hingabe. Denn der Künstler geht auch rational und mit »faustischer« Willenskraft vor. Er ist nicht nur Medium, sondern auch Formgeber, und damit kommen Apollo und Faust ins Spiel. Apollo, der für Nietzsche »maßvolle Begrenzung« und »weisheitsvolle Ruhe«[15] verkörpert, ist die eine Seite des formgebenden Prozesses und der »nordische« Faust (daher vielleicht der Gedichttitel) die andere. Faust ist der suchende, immer auch zerrissene Mensch, der das Ganzheitsgefühl einer Sinngebung nicht von Natur aus besitzt, sondern ständig neu erwerben muss. Dass so eine Konstellation einen jungen, ebenfalls suchenden Menschen anspricht, ist nicht verwunderlich und könnte heutzutage ebenso geschehen. Betört durch den Rausch des Frühlings, unterstützt von Nietzsche und Goethe, wird sich Beuys das erste Mal seiner eigenen Mission bewusst: Künstler in einem umfassenden Sinne zu werden, angeschlossen an die plastischen Kräfte der Natur, die er aber weiter transformieren muss, bis aus ihnen am Ende vielleicht auch eine »Soziale Plastik« werden kann.

DAS WESEN DER KÜNSTE

Beuys ist einer der wenigen Künstler, die von der Anthroposophie tief inspiriert wurden. Dabei hat er diese Weltanschauung nicht einfach übernommen, sondern ist in ein Resonanzfeld eingetaucht, in dem eigene, bereits angelegte Tiefenschichten bewusster gemacht wurden. Wie stark diese Anregungen waren, bezeugt ein Brief von Beuys an den Anthroposophen Manfred Schradi:

> »Ihre Worte haben mich tiefberührt, weil sie mir den Namen Rudolf Steiners zuriefen, über den ich seit meiner Kindheit immer wieder nachdenken muß, weil, wie ich weiß, gerade von ihm ein Auftrag an mich erging, *auf meine Weise* den Menschen die Entfremdung und das Mißtrauen gegenüber dem Übersinnlichen nach und nach wegzuräumen (...) Die große Leistung Steiners ist es gewesen, gar nichts ›erfunden‹ zu haben, sondern *nur!* aus der unendlich gesteigerten Wahrnehmung heraus vorgetragen zu haben, was des Menschen höhere Sehnsucht ist, wenn er es auch *noch nicht weiß* (...) Behutsamkeit, Indirektheit, Unmerklichkeit, auch oft ›Antitechniken‹ sind meine Möglichkeiten. Nicht ein Überfluten mit ›anthroposophischem Museum‹.«[16]

Was Steiner als Übersinnliches bezeichnet, erschließt sich für Beuys nach und nach durch eine »gesteigerte Wahrnehmung.« Auch viele von Beuys' Werken können einen in einen solchen Prozess hineinziehen. Vielleicht vermag alle große Kunst dies zu tun. Sie wäre damit »anthroposophisch« nicht als Bebilderung einer Weltanschauung, sondern im Nachvollzug einer hoch verfeinerten Erkenntnismethodik.

Eine meiner Erfahrungen als Filmemacher mag verdeutlichen, was mit der oben genannten »gesteigerten Wahrnehmung« gemeint sein könnte. Manche Zeichnungen von Beuys sind so subtil, dass sie sich dem Abfilmen entziehen. Man sieht einfach auf dem Bildschirm nichts mehr von dem, was man beim Betrachten der Zeichnung selbst gesehen hat. Oder auch erst nicht gesehen hat, aber dann mit viel Geduld hat herauslesen können. Die zarten, fast wieder im Papier verschwindenden Linien mancher Zeichnungen verlangen ein Höchstmaß an Aufmerksamkeit und Ausdauer, ein Zurückstellen der eigenen spontanen Bedürfnisse und Vorstellungen. Hier will nichts schnell ans Tageslicht kommen oder einen mit sinnlicher Kraft überrumpeln wie viele Werke moderner Kunst. Keine Riesenformate, grellen Farben, flackernden Videobildschirme, die einem das Hören und Sehen vergehen lassen, sondern das genaue Gegenteil: stille Meditationen, die sich umso mehr enthüllen, je mehr Zeit und Geduld man aufbringt. Sie führen ins schwer Sagbare, in Zwischenzonen, die einem seelisch tief vertraut sind, ohne dass man sie kommunizieren kann. Manchmal sogar in Bereiche, die überhaupt nicht mehr benennbar sind, von denen man aber trotzdem das Gefühl hat, dass sie höchst real sind.

Manche von Beuys' Bildern können so kryptisch, spröde und »unverständlich« sein, dass es fast schmerzhaft ist oder Unwillen hervorruft. Doch immer wieder muss man zu ihnen zurückkehren, weil eine innere Stimme sagt: Es könnte an dir liegen. Und man muss an Beuys' Satz denken: »Zum Erfassen eines Kunstwerkes benötigt man alle Sinne, mindestens zwölf, wenn nicht fünfundzwanzig.«[17] Hier lebt für mich auch etwas vom Geiste Rudolf Steiners, dessen Texte ich auf ähnliche Weise lese. Ich lege sie wieder weg, manchmal jahrelang, dann ziehen sie mich erneut an, und etwas Ungeahntes kann sich enthüllen.

Die erste intensivere Begegnung von Beuys mit Steiner erfolgte wohl in der Bildhauerklasse von Ewald Mataré, in der mehrere Schüler, darunter auch der schon erwähnte Günther Mancke, sich mit Steiner beschäftigten. Die Anthroposophen Max Benirschke und Ladislaus Stefanek sollen zwei von den Vortragsrednern gewesen sein, denen Beuys oft zuhörte. Er ist auch mehrfach am Goetheanum, dem Tagungs- und Aufführungszentrum der anthroposophischen Gesellschaft in Dornach gewesen, worüber Mancke – er nennt ihn »Jupp« – anschaulich berichtet hat:

> »In Dornach gab es die wunderbare Geschichte bei der Veranstaltung, ich glaube, es waren die Mysteriendramen gewesen. (...) Wir hatten einen ganz billigen Platz da oben, durften auf den Stufen sitzen. Und dann war Pause, es war eine wunderbare Abendstimmung, war eine Milde, und alle seriösen Anthroposophen wandelten feierlich oben herum um den Umgang. Es war wirklich eine schöne, würdevolle Stimmung und wir lehnten uns an die Balustrade und guckten uns die Architektur an, über die es sehr viel zu sagen gibt. Ich hätte mich beispielsweise nun ja auch ausgetauscht, aber ich hätte es stille gesagt, um die armen Leute nicht vor den Kopf zu stossen. Jupp aber stellt sich hin – da sind ja diese Fenster, diese furchtbaren in dem Beton drin, die versucht worden sind – und ruft mit Lautstärke: ›Guck dir mal den Quatsch da oben an, sind die nicht furchtbar? Das geht doch nicht!‹ Lautstark ... Das war also ein echter Schock: Diese feierliche Umgangsstimmung da und auch dieses Schöngeistige, was da ausgetauscht wurde...Und er verkündet die Unmöglichkeit der Fenster da oben! (...) Ganz ergriffen war er aber von den Skizzen Steiners zu den Farbfenstern. Beuys hat auch irgendeine Bemerkung gemacht: Die fände er besser als den ganzen Bau oder so ähnlich. Er war immer auf der einen Seite spontan und auf der anderen Seite leicht überspannt im Sinne der Provokation.«[18]

Günther Mancke erzählte bei unserem Besuch in der Künstlerkolonie Weißenseifen, dass es vor allem Bleistiftskizzen Steiners zu Dämonenfiguren gewesen seien, die Beuys beeindruckt hätten: vogel- und schlangenhafte Wesen am linken Rand eines Glasfensters sowie ein Schädel mit Stacheln darin. Diese Beobachtung bestätigt, wie Beuys von Anfang an mit einem künstlerischen Sensorium auf die Anthroposophie schaut. Er lässt sich weniger von der »Heiligkeit« einer andächtigen Gemeinde und ihres Tempels beeindrucken als von kraftvollen Formen, die etwas von dem »Dahinter« erzählen. Man kann vermuten, dass Beuys sich nach dem Krieg neue Anregungen für eine Kunst erhoffte, die auch spirituelle Dimensionen mit umfassen sollte. Das muss nicht nur mit der Verarbeitung traumatischer Kriegserfahrungen zu tun haben, Beuys suchte nach einer Vertiefung von Erfahrungen, die er wohl schon als Kind hatte.

Doch »spirituelle Kunst« war in Deutschland nach dem Zweiten Weltkrieg nicht besonders angesagt. Die Literaten der Gruppe 47 etwa pflegten einen eher nüchternen Realismus, in dem Metaphysisches verpönt war. Zu sehr hatte man noch das pseudoreligiöse Pathos der NS-Diktatur im Ohr, als dass man sich darauf einlassen konnte, solche Inhalte in der Kunst zuzulassen. Paul Celan bekam dies 1952 schmerzhaft zu spüren, als er in seiner ihm eigenen Art das Gedicht »Todesfuge« vortrug, das Auschwitz in dunklen, visionären Metaphern umkreist. Man lachte ihn aus, bemerkte, er habe in einem Singsang vorgelesen wie in einer Synagoge, und verglich sein

Pathos gar mit Reden von Joseph Goebbels, worauf Celan nie mehr an einem Treffen dieser Gruppe teilnahm.

Beuys suchte nach etwas anderem und fand es zunächst in der Klasse des Bildhauers Ewald Mataré, der seine Schüler z. B. mit der »heiligen Geometrie« mittelalterlicher Bauhütten bekannt machte. Günther Mancke erinnert sich:

> »Mataré brachte dieses mittelalterliche Element ganz stark zum Vorschein. Bei ihm in der Klasse haben wir ein ganzes Jahr Chartres durchgearbeitet. Ihm war Chartres etwas ganz Besonderes und dieses Einleben in das Mittelalterliche (...) das war überhaupt das Element damals in der Düsseldorfer Klasse. Und es charakterisiert den Platoniker, der Mataré auf jeden Fall war, in allen seinen Äusserungen. Auch dieser Ausspruch: ›Weil die Moderne eigentlich nichts dem Menschen wirklich mehr bringt, habe ich mich den alten Denkgesellschaften wieder angeschlossen.‹ (...) Wir hatten auf dem Speicher der Akademie einen Abguss vom König David vom Westportal, den sollten wir durcharbeiten plastisch, in Holz, aber weder nachmessen, noch mit dem Auge, sondern erst das Masswerk der Figur – das heisst, der gesamten Kirche – herausarbeiten. Das war ja eigentlich die Grundlage bei Mataré: Wir durften ja nichts tun, wo nicht geometrische Grundlage zugrunde gelegt wurde, tatsächlich im Sinne dieser alten Hüttenmasswerke, der Triangulatur. Und da hat man mit Erstaunen festgestellt, dass dieser David, ob das Proportionen waren oder Formbewegungen des Gewandes oder der Grundriss des ganzen Körpers: Es war nichts, was nicht in die Geometrie hineinfiel. Das war zunächst eine unwahrscheinliche Ernüchterung, ein Schock beinahe, der sich

gar nicht vereinbaren ließ mit der Anschauung, die man damals von Kunst hatte (...) Also es war irgendwie der Wunsch, eine geistige Einheit zu bilden, aber diese geistige Einheit in heutiger Zeit nur auf Geometrie abzulegen, das ging nicht, (...) und in dem Moment kamen wir eigentlich mit der Anthroposophie zusammen, auch mit dem Kunstimpuls des Goetheanums.«[19]

Die Anthroposophie schien Beuys trotz allem gelegentlich zutage tretenden Dogmatismus weniger starr als die platonische Bauhütten-Ästhetik Matarés zu sein. Sie gab ihm Anregungen für ein ganzheitliches Weltbild und eine Kunstauffassung, die sich nicht in plattem Realismus, beliebigen Collagen oder reiner Provokation erschöpfte. Günther Mancke berichtete, dass dabei Steiners Vorträge zur Kunst eine große Rolle spielten. Mancke hatte Beuys in seinem Düsseldorfer Atelier besucht, das ihn zunächst befremdete, ihm dann aber zunehmend wie ein produktives Chaos erschien:

»Das Atelier war ein unwahrscheinliches Durcheinander, ein Abstellraum (...) mit Motoren und mit Papieren und ... voll bepackt, dass man fast nicht reinkam; da war ein Bündel Zeitungen und da wurde ich plötzlich wach und dachte: Also entweder er bringt die zur Kippe, oder es ist ein Kunstwerk. Und die Käsebrote, sind das jetzt Kunstwerke oder hat er die da liegen gehabt? (...) Und so wußte ich im Moment nicht, wo ich dran war. Er hatte eine Anatomiefigur da stehen, und ich fragte: Wo hast du die denn her? Ja, die hatte er von der Kippe. Und mittlerweile sah ich, diese Käsebrote waren also Kunstwerke und diese Bündel Papiere auch (…) Da haben wir uns lange unterhalten über die Zeitsituation und das werde ich nie vergessen: Es war fast kein Platz um durch die Teile durchzukommen und da machte er so eine Bewegung, tauchte unter, war also nicht mehr zu sehen in dem Klimbim, und dann kam als erstes ein Buch heraus, blasslila, rosarot: *Das Wesen der Künste* von Steiner. Das kramte er aus diesem Chaos raus; wir sprachen auch vom Chaos, und Chaos war anwesend. Und dann hielt er es hoch und sagte: ›Das ist das einzige, was uns aus dem Chaos wieder herausführen kann.‹ (…) Das hat mich ungeheuer gefreut, weil das in Bezug auf die Kunst und seine Schüler ein gewisses Bekenntnis war. Als er anfing zu unterrichten, hat er noch nicht Farbe bekannt.«[20]

Mancke berichtete mir, dass der erwähnte Band nicht nur Steiners Vortrag »Das Wesen der Künste« enthielt, sondern auch noch andere Texte zur Ästhetik. Es sind möglicherweise diejenigen, die heute in dem Band *Kunst und Kunsterkenntnis* versammelt sind. Darin findet sich nahezu die gesamte Kunsttheorie Steiners, die bis heute interessante Anregungen geben kann.

Wir greifen stellvertretend seinen Vortrag »Das Wesen der Künste« heraus und fragen uns, warum die darin skizzierten Gedanken so euphorisierend auf Beuys gewirkt haben mögen. Der Text aus dem Jahr 1909 ist eine poetische Darstellung von Steiners Ästhetik, die in großen Bildern die Aufgabe der Kunst umreißt. Sie beginnt mit eindrucksvollen Naturimpressionen:

»Vor uns sei ausgebreitet eine weite schneebedeckte Fläche; einzelne Flüsse und Seen seien darin, vereist. Zum großen Teil vereist auch ein angrenzender Meeresstrand mit mächtigen schwimmenden Eisblöcken, da und dort niedrige Bäume und Gehölz, ganz bedeckt mit Schneemassen und Eiszapfen. Es ist Abend. Die Sonne ist bereits untergegangen und hat noch zurückgelassen ihren goldenen Glanz der Abendröte. Innerhalb unserer Gegend stehen zwei weibliche Gestalten. Und aus der Abendröte heraus wird geboren ein Sendbote, sozusagen herausgeschickt wird ein Sendbote der höheren Welten, der sich hinstellt vor die beiden Frauen, und der gespannt hinhorcht, was ausdrückt ihr Mund über ihre eigensten Gefühle, über ihre eigensten Erlebnisse. Die eine der Frauen, die da steht, preßt ihre Glieder an den Leib; sie hält sich in sich selbst zusammen, und sie spricht die Worte: ›Mich friert!‹ – Die andere der Frauen sendet hin den Blick über die schneebedeckte Fläche, auf die vereisten Wasser, auf die mit Eiszapfen überdeckten Bäume, und von ihren Lippen pressen sich die Worte, in völliger Selbstvergessenheit ihres eigenen Gefühls, in völliger Selbstvergessenheit dessen, was sie selbst durch das äußere Physische der Landschaft an Frost spüren kann: ›Wie wunderschön ist die Landschaft rings herum!‹«[21]

Nach dieser unterschiedlichen Bewertung fallen beide Frauen in einen tiefen Schlaf, und es wird von Traumerlebnissen der Frau berichtet, die die Landschaft positiv erlebte. Der Sendbote aus der Abendröte sagt zu ihr: »Du bist die Kunst.« Im Traum begegnen ihr verschiedene Geistgestalten, die menschliche Sinne wie den Gleichgewichtssinn, den Bewegungssinn und den Vitalsinn verkörpern, und fordern sie auf, mit ihnen zu verschmelzen. Die Selbstlosigkeit der Frau, die, ohne auf ihre Physis zu achten, die winterliche Szenerie schön finden konnte, veredelt diese Sinne, die bereits verkümmert sind. Der Gleichgewichtssinn befähigt nicht nur zu normalen Tänzen, sondern zur »Nachbildung jener gewaltigen Tänze, die aufgeführt worden sind im Himmelsraume von den Planeten und Sonnen.«[22]

Ebenso entwickelt sich der Eigenbewegungssinn durch Verschmelzung mit der Frau zur Kunst eines höheren mimischen Ausdrucks, der nicht mehr die eigenen Wünsche erkennen lässt, sondern sich zu einem selbstlosen Spiegel macht. Der Vitalsinn schließlich wird durch die Frau zu einem plastischen Vermögen emporgehoben, das sogar Formen der Zukunft antizipieren kann.

Steiner entwirft die Vision einer Kunst, die nicht nur subjektive Darstellung von Emotionen und Begierden ist, sondern diese »selbstsüchtigen« Facetten überwindet und hinter die Oberfläche der Dinge schaut. Und zwar auf Kräfte und Gesetzmäßigkeiten jenseits der äußeren, physischen Welt. Als die Frau nach einem langen Traum wieder aufwacht, ist die Nacht verflossen, und die Morgenröte bricht an. Neben sich findet sie die in Winterkälte erstarrte andere Frau, die immer nur gefroren hat. Und sie erkennt, dass es die Wissenschaft ist, die sie nun mit ihrer inneren Wärme wiederbeleben muss. Sie muss ihr und der Welt die Erinnerungen aus ihrem

Traum mitteilen, muss zur »Retterin« der erstarrten Welt und Wissenschaft werden.

Ein solcher Text mag aus verschiedenen Gründen faszinierend für Beuys gewesen sein. Einmal misst er der Kunst eine herausragende, fast schon missionarische Bedeutung zu, als Erlöserin einer in Rationalismus und Materialismus erstarrten Welt. Diese wird erweitert durch eine transzendente Komponente, die in dieser Zeit nicht unbedingt die Ästhetikdiskussionen beherrschte. Wenn man etwa die entsprechenden Texte Adornos, etwa seine *Ästhetische Theorie*, liest, so wird der Kunst zwar auch eine elementare Rolle zugeschrieben, aber das spirituelle Element fehlt bzw. ist im Hintergrund gehalten. Steiner dagegen betont es stark – dazu noch in einem hohen Ton, der in den 1960er-Jahren im philosophischen wie im künstlerischen Diskurs eher tabu war.

Beuys, und das verübeln ihm manche Kritiker bis heute, wird durch eine solche metaphysische Kunsttheorie geradezu angefeuert. Er will nicht nur Materialbrocken zu spaßigen, skurrilen oder provozierenden Collagen zusammenbauen, sondern damit in »höhere Welten« greifen. Das »Kosmische«, das bei Steiner immer wieder anklingt, ist ihm nichts Fremdes, sondern nah und vertraut. Ihm geht es immer ums Ganze, um die großen Mysterien des Lebens, um Tod, Verwandlung, Regeneration, Unterweltfahrten und Auferstehungsszenarien wie in den alten Mythen und Religionen. Daher bevölkern auch Dämonen, Hexen, Druiden, Zauberer, Seherinnen, Nornen, Schamanen, Kreuze und Christusfiguren seine Kunst wie bei kaum einem anderen Künstler des 20. Jahrhunderts.

Interessant ist jedoch der von Mancke so plastisch beschriebene Zusammenhang mit Beuys' Atelierchaos. Ein rosafarbenes Anthroposophie-Bändchen mit weihevollen Worten liegt dort mitten im Müll, neben Motoren und Käsebroten. Aber das ist typisch Beuys und irritiert bis heute. Er will das »Hohe« nicht unkritisch anhimmeln, sondern in die Welt herunterholen, Metaphysik mit der blanken Physis verbinden, das »Rein-Geistige« mit dem Alltäglichen, auch Technischen, konfrontieren. Beuys lässt Steiner nicht im Dornacher Tempel, sondern testet seine Ideen auf der Straße. Dazu passt auch Beuys' für manche Anthroposophen immer noch provokante Bemerkung, wonach die Mysterien heute im Hauptbahnhof stattfänden und nicht im Goetheanum.[23]

DIE BOTSCHAFT DER SYBILLEN

Ein Hinweis auf Steiner ist auch Beuys' häufige Verwendung der Begriffe »Imagination«, »Inspiration« und »Intuition«, gerade auch in dieser Dreierkombination. Für Steiner sind dies höhere Denkformen, und Beuys griff diesen Gedanken auf. Als Künstler war ihm auch jenseits von Steiner vertraut, was damit gemeint ist. Es sind vielleicht die mysteriösesten Fähigkeiten, die wir besitzen, und keine Hirnforschung hat ihr Geheimnis bisher lösen können: das Denken in Bildern, das Phänomen der »Eingebung« und das subtile Gespür der Intuition, das für unser Leben vielleicht noch wichtiger ist als logisch-rationales Denken. Die heutige Biologie benennt mit »Geist« das im Neuronengewitter erzeugte Verbindungsnetz in unserem Gehirn, und für die Geisteswissenschaften umschreibt dieses Wort im weitesten Sinne die seit Jahrtausenden überlieferten kulturellen Hervorbringungen. Weder Hirnforschung noch Philosophie, Germanistik oder Kunstgeschichte sprechen heute noch von einem objektiv vorhandenen »Weltgeist«, der vom menschlichen Geist gespiegelt würde. Dies gilt als eine überholte Sichtweise, die dem Denken in früheren, »naiveren« Zeitaltern wie der Antike oder der Romantik entsprach, aber mit »modernen« Erkenntnissen nichts mehr zu tun hat. Sie wird vom akademischen Lager eher schmunzelnd ins Reich der Esoterik verbannt, weshalb Steiner im universitären Diskurs auch nicht ernst genommen wird.

Doch Beuys und Steiner vertreten ein anderes Konzept von »Geist«. Sie beziehen sich gerne darauf, dass ältere Kulturen unser Denken noch als ein Angeschlossensein an höhere geistige Prozesse verstanden haben.

Für sie war dies nichts prinzipiell Überholtes, sondern etwas, das man in die Gegenwart hinein weiterentwickeln müsse. Für Beuys ist unser Gehirn – wie für Steiner – nur die »materielle Unterlage des Denkens« und eigentlich ein »Spiegelorgan«.[24] Beide waren z. B. fasziniert von den Sibyllen und Pythien des alten Griechenland, Seherinnen, die in Trance Visionen und Prophezeiungen empfingen. In einem von Beuys' Bildern dazu sieht man über dem Kopf der »Sibylla« ein Geflecht von Linien und Ornamenten, das wie ein geistiges Feld wirkt, an das sie gerade angeschlossen ist.

»Ja, man ist Empfänger«, sagt Beuys, »aber man produziert das, was man empfängt, selbst aufgrund seiner eigenen kreativen Möglichkeit. Sonst wäre man ja einfach nur eine passive Durchgangsstation. Man schließt sich dem Inhalt, der überall und irgendwo ist, auf. Aber indem man ihn aufschließt, aus eigener Tätigkeit, das heißt aus

> Freiheit, verwandelt man auch den vorgegebenen Inhalt im Sinne des Menschen.«[25]

Dies ist der Unterschied zu antiken Formen geistigen Schauens. Wir sind zwar »angeschlossen«, aber unser Ich ist beteiligt an der Formung dieser Energien. Der Künstler, Wissenschaftler oder Erfinder mag zuerst eine Eingebung empfangen, aber dann beginnt ein bewusst prüfender und gestaltender Prozess, der mit diesen Impulsen arbeitet.

Viele Wissenschaftler und Musiker haben darüber berichtet, dass sie sich eine bestimmte Form nicht aus-

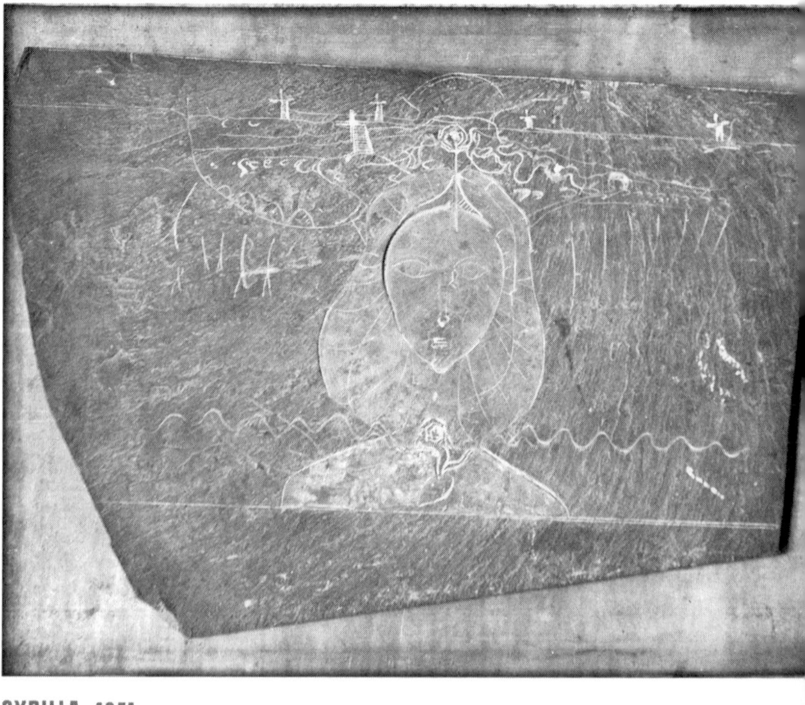

SYBILLA, 1951

gedacht, sondern sie »geschaut« hätten, so etwa der aus Darmstadt stammende Chemiker August Kekulé bei der Entdeckung des Benzolringes.

Lange hatte sich der Wissenschaftler im Jahre 1865 vergeblich den Kopf über die chemische Struktur der brennbaren Flüssigkeit zerbrochen, bis er das Rätsel endlich – in einem Traum – löste. Über sein Problem meditierend, war er einmal vor dem Kaminfeuer eingenickt und erinnerte sich später:

> »Wieder gaukelten die Atome vor meinen Augen. (...) Lange Reihen, vielfach dichter zusammengefügt. Alles in Bewegung, schlangenartig sich windend und drehend. Und siehe, was war das? Eine der Schlangen erfaßte den eigenen Schwanz und höhnisch wirbelte das Gebilde vor meinen Augen. Wie durch einen Blitzstrahl erwachte ich und verbrachte den Rest der Nacht, um die Konsequenzen der Hypothese auszuarbeiten.«[26]

Das alte alchemistische Symbol des Uroboros hatte dem Forscher im Traum den Fingerzeig zu der gesuchten Struktur geliefert. Kekulé erkannte, dass sich die einzelnen Atome des Benzolmoleküls wie eine im Kreis drehende Schlange ohne Anfang und Ende aneinanderreihen.

Eine andere, vielleicht noch eindringlichere Beschreibung von »Inspiration« lieferte der Komponist Paul Hindemith:

»Vielleicht ist das Wort ›Einfall‹ der vollkommenste Ausdruck für die seltsame Unmittelbarkeit und Unerklärbarkeit, die wir gewöhnlich mit künstlerischen Ideen im allgemeinen und mit musikalischen im besonderen verbinden. Irgend etwas – man weiß nicht, was es ist – fällt in uns hinein – man weiß nicht woher – dort wächst es – man weiß nicht wie – zu einer klingenden Form – man weiß nicht warum (...) Wenn wir von Einfällen sprechen, meinen wir gewöhnlich kurze, aus wenigen Tönen bestehende Motive. Oft werden sogar nicht einmal eigentliche Töne, sondern nur vage Klangkurven gefühlt (...) Was ist musikalische Vision? Wir kennen alle den Eindruck, den während eines nächtlichen Gewitters ein heftiger Blitzstrahl auf uns macht. Im Zeitraum einer Sekunde sehen wir eine weite Landschaft, nicht nur in ihren allgemeinen Umrissen, sondern mit jeder Einzelheit (...) Wir erleben einen unglaublich zusammengerafften, zugleich aber unwahrscheinlich das Einzelne betonenden Augenblick, den wir im Tageslicht niemals haben könnten (...) Musikalische Kompositionen müssen auf dieselbe Weise erschaut werden. Man kann denjenigen kaum einen echten Komponisten nennen, dem nicht im plötzlichen Aufleuchten eines schöpferischen Moments ein Musikstück in seiner völligen Ganzheit erschiene, mit jedem seiner Bauglieder an der rechten Stelle (...)
Die einmal geschaute Vision wird während der Ausarbeitung der Partitur immer vor seinem Geiste gegenwärtig sein. Melodien und Harmonien braucht er nicht wirklich aufzusuchen und aneinanderzureihen; er hat lediglich wartende Hohlräume melodisch und harmonisch auszufüllen, um die gefühlte Totalität zu erreichen.«[27]

Dass sich der kreative Akt, ja unser Denken überhaupt, einem solchen Angeschlossensein verdankt, hat Beuys außer bei den verschiedenen Darstellungen der »Sybille« auch in Zeichnungen wie »Initiation«, »Schamane« und »DAS DENKEN« zum Thema gemacht. In allen Fällen schwebt neben dem Kopf des Protagonisten eine Art Wolke oder Lichterscheinung, die darauf wartet, ihn inspirieren (lat. »anhauchen«) zu können. Denken wird von ihm also als ein empfangender wie auch aktiv gestaltender Prozess gesehen.

Steiner hat besonders im Künstler diese Fähigkeit verortet und beschreibt, ganz im Sinne Hindemiths, wie der Musiker dasjenige »offenbart, was erst die Weltenharmonie in die Untergründe seines Seelischen unbewußt hineingelegt hat«.[28] Kunst ist für Steiner ein »Denken in Formen«, in denen der »Weltgeist« zum Ausdruck kommt, dessen Kräfte der Künstler nur aufnimmt und weiter fortsetzt.[29] Dieses Angeschlossensein an höhere Energiefelder nennt Steiner die »kosmische Sendung des Künstlers«[30], ein Begriff, der wörtlich bei Beuys wieder auftaucht.[31]

Nur ein solches durch Inspiration und Intuition mitgeprägtes Denken ist für Beuys das richtige, vollständige Denken, das er aber heute verkümmert sieht. Seine bedrückende Zeichnung »Selbst im Gestein« kann als Ausdruck eines solchen degenerierten Denkens gelesen werden. Im oberen Teil sehen wir eine Art Mumie, dar-

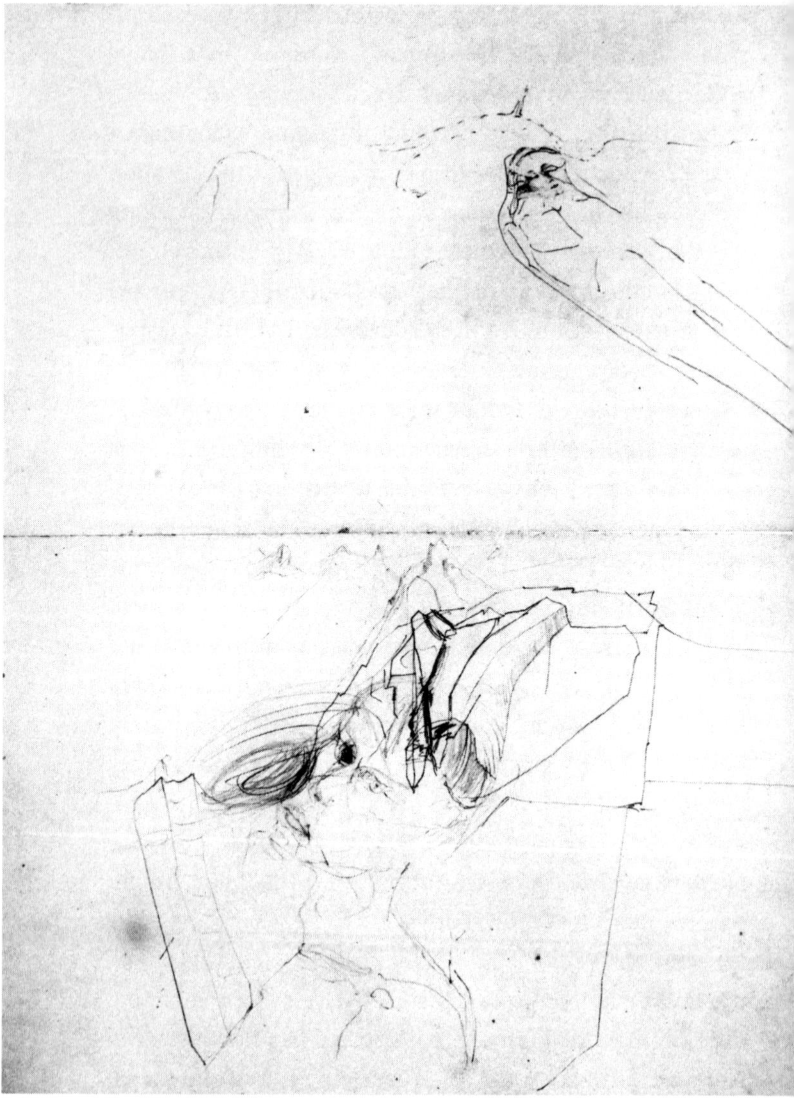

SELBST IM GESTEIN, 1955

unter einen männlichen Kopf auf einem Sockel mit einem erblindeten und einem starren Auge. Der Schädel ist in die Länge gezogen, sein Inneres scheint durch scharfe kristalline Strukturen verwüstet zu sein.

Würde man nun fragen, woran denn unser Denken im Zustand höchster Inspiriertheit angeschlossen ist, so wäre die Antwort von Steiner und Beuys: an den kreativen Strom der Evolution, der bereits lange vor uns ständig Neues hervorgebracht hat. Es sei von größter Bedeutung zu wissen, so Steiner, dass die gewöhnlichen Denkkräfte des Menschen die verfeinerten Gestaltungs- und Wachstumskräfte seien.[32]

Das wiederum deckt sich mit Beuys' in der Lehmbruck-Rede geäußerten Überzeugung, dass alles in der Welt Skulptur sei:[33] Man kann sowohl die Evolutionsvorgänge in der Natur als auch Formprozesse der Kunst, unseres Denkens und sozialen Gestaltens darunter fassen. Diese plastisch-schöpferischen Prozesse sind für Beuys die Grundlage seiner Metaphysik. Kreativität ist kein Sahnehäubchen auf dem trockenen Alltagskuchen oder eine Freizeitzugabe für erschöpfte Bürger, sondern das Fundament unseres Menschseins und der gesamten Evolution.

Das sehen übrigens inzwischen auch einige prominente Wissenschaftler so, die sich ein Sensorium für spirituelle Fragen bewahrt haben, etwa der amerikanische Biologe Stuart Kauffman. In seinem Buch *Reinventing the Sacred* geht er so weit, die rational nicht endgültig erschließbare Kreativität der Evolution als etwas »Heiliges« zu bezeichnen, der wir mit mehr Ehrfurcht begegnen sollten.[34]

Für Beuys ist dieses Mysterium des Schöpferischen auch ein Prozess, der mit Wärme und Bewegung zu tun hat und in den Fließ- und Erstarrungsprozessen bestimmter Materialien gut veranschaulicht werden kann. So bekommt seine Passion für Fett eine ungewohnte metaphysische Farbe. Für Beuys geschieht in der Erwärmung und Erkaltung von Fettblöcken Ähnliches wie in der Evolution und in unserem täglichen Denken: Es ist ein Prozess von ständiger Auflösung und Neubildung, Verflüssigung und Erstarrung, ein Hin und Her zwischen chaotischen und formbildenen Kräften. Beuys hat sich nicht zu Steiners Kosmologie geäußert, die am Anfang der Weltschöpfung einen gigantischen Wärmekörper namens »Alter Saturn« verortet, aus dem nach und nach gasförmige, flüssige und materielle Strukturen entstanden sein sollen. Aber seine Plastische Theorie knüpft durchaus an solche Bilder an. Ob Plasmabewegungen vor Milliarden von Jahren oder die von Fetten, Bienensekreten oder unserer Gedanken: Gemeinsam scheint all diesen »Plastiken« die Bewegung zwischen den Polen des Amorphen und Geformten, Instabilen und vorübergehend Stabilen. Aus Gaswolken werden Planeten, aus geschmolzenem Fett feste Blöcke, aus flüssigem Wachs Bienenwaben und aus flüchtigen Eingebungen Begriffe und Kunstwerke. Daran ist eigentlich nichts besonders

»Okkultes«, es umschreibt einfach das Geheimnis der Metamorphose, die eines der numinosen Grundgesetze des Universums zu sein scheint. Ein Gesetz, dessen Herkunft und Wesen wir nicht kennen und vielleicht niemals kennen werden. Aber eines, dessen Vielfalt und Unvorhersagbarkeit wir bewundern – und an dem wir als kreativ Tätige selbst mitgestalten können.

ÄTHERSCHWANENFIGUR

Auch der von Beuys verwendete Begriff »Ätherfigur« verweist auf Steiner, der eine umfassende Ätherlehre vorgelegt hat, die auch Phänomene wie Licht, Wärme und Klang in ihren subtileren Dimensionen zu deuten versucht. Beuys spricht darüber auch wieder ganz aus der Perspektive des Künstlers, was seine Aussagen weniger abgehoben macht als die mancher Anthroposophen. Vor allem im Gespräch mit Hagen Lieberknecht hat er sich ausführlicher dazu geäußert. Auf die Frage von Lieberknecht, was er eigentlich mit »Ätherischer Figur« meine, antwortet Beuys:

> »Als Sie gerade (...) sprachen, veränderte sich Ihre eigene Ätherfigur so daß sie stärker pulsierte, weil Sie durch Ihre Sprache eine **Plastik** gemacht haben. Sprechen = Plastik. Diese, da sie ja eine bewegliche ist, Beweger, wirkte ein auf die Ätherfigur die Sie immer mit sich herumtragen, ein Produkt, das sich immer selbst wegschafft und immer wieder neu anschafft, des allerdings göttlichen Plastikers: Ihr ganzes Leben, das sich aber nur **schön** entwickelt, wenn Sie selbst

> **Plastiker** werden, der menschliche Plastiker gegen den göttlichen Plastiker schafft **Cooperation** (…) man müßte Ihnen direkt empfehlen Ihren nächsten wissenschaftlichen Abriß, etwa den Schrecken oder Ohne Titel zu singen, wobei Sie einige Erfahrungen von Belang bezüglich Ihrer Ä machen würden, wenn Sie Ihr Bewußtsein darauf richten. Zusätzlich noch zu tanzen ist wohl eine Zumutung aber es wäre gut … vorzüglich etwa die **Ätherschwanenfigur**.«[35]

Beuys spricht eigentlich über das Geheimnis von »Form« und »Plastizieren«. Wir formen selbst immer an unserer Ätherfigur mit. Wenn wir sprechen, »pulsiert« diese anders, als wenn wir schweigen, zuhören, schreien, lachen oder schlafen. Wir strahlen etwas aus, das nicht in stofflichen Bestandteilen aufgeht.

Seltsam, dass in unserer Alltagssprache ein so spiritueller Begriff wie »Ausstrahlung« so häufig verwendet wird. Jeder weiß, was damit gemeint ist, aber keiner würde deshalb als Esoteriker verdächtigt. Das »Übersinnliche« scheint in die sinnliche Welt, die in unserer Gesellschaft das Maß aller Dinge ist, hineinzuragen. Und somit könnte Beuys recht damit haben, Steiners Fähigkeiten nicht »hellseherisch« zu nennen, sondern sie einfach nur als »gesteigerte Wahrnehmung« zu bezeichnen.

Unser »Ätherleib« durchzieht den stofflichen Leib mit Kräften, die ihn überhaupt erst formen und zu dem machen, wie er nach außen hin wirkt. Diese nennt Steiner »ätherische Bildekräfte«, und jeder Künstler hat in seiner Arbeit damit zu tun. Denn es ist nicht der Stein oder das Holz, die eine faszinierende Skulptur hervorbringen, es sind die Formkräfte, die der Künstler diesen Materialien angedeihen lässt. Diese sind jedoch unsichtbar und unstofflich und durchziehen wie subtile Kraftlinien die Materie, die durch sie erst zu einer Form wird. Einerseits sind sie von einem »göttlichen Plastiker« (Beuys) mitgeschaffen, andererseits ruft dieser uns zu »Cooperation« auf, zum tätigen Mitformen. Marmor, Holz, Metall haben von Natur aus ihre eigene Magie, das ist das »Göttliche« an ihnen. Der Bildhauer muss auf ihr Naturell Rücksicht nehmen, wird dann aber zum Mitschaffenden. Bei diesem Schaffensprozess haben viele Künstler die Beobachtung gemacht, dass sie bloß im Material angelegte, nur dem geistigen Auge zugängliche Formen »herausgeholt« hätten.

»Ätherfiguren« gibt es auch in der Sprache. Beuys deutet darauf hin, dass ein gesungener Vokal, auf den man das Bewusstsein richten kann, eine Ätherfigur in den Raum stellt. Hinter dem Vokal spüren wir noch etwas anderes als die messbaren Schallwellen: einen Klangraum, ein Gefühl, eine Stimmung, die bei einem »Ä« ganz anders ist als bei einem »O« oder »U«. Die anthroposophische Lauteurythmie arbeitet damit und in gewissem Sinne auch Beuys, dessen Lieblingsvokal das »ö« war, das er in einigen Aktionen gerne in den Raum geröhrt hat. Er sah in ihm einen ursprünglichen Laut, den Ausdruck einer inneren Regung, die wir mit normalen Begriffen nicht fassen können, eine Art Gegenpart zur »Hochsprache«, der wiederum Beuys' Faszination für James Joyce zum Ausdruck bringt. Dessen Sprache empfand er als den Versuch, die Sprache der Druiden zu wiederholen, das »Geraune« ohne semantischen Inhalt, wodurch die Naturgeister der alten irischen Kultur wieder in Bewegung gesetzt würden.[36]

Wenn Beuys Hagen Lieberknecht empfiehlt, seinen nächsten wissenschaftlich Abriss mal zu singen oder zu tanzen, so ist das auch ein Seitenhieb gegen die Ausdrucksarmut akademischer Sprache, die nur abstrakte Begriffsinhalte transportiert. Emotionales, Atmosphärisches, Musikalisches, Körperliches, die insbesondere Gesang und Tanz ausmachen, fallen dabei unter den Tisch. Dazu gibt es eine Parallele bei Rudolf Steiner, die zeigt, dass dieser Anthroposophie vor allem auch als Kunst verstand. Von Steiner ist die Bemerkung überliefert, dass er seine *Philosophie der Freiheit* lieber gezeichnet hätte. Die Eurythmistin Margarita Woloschin soll er gefragt haben, ob sie seinen Vortragszyklus zum Johannesevangelium tanzen könne.[37]

Beide Beispiele zeigen, dass Steiner – so viele Vorträge er auch hielt – der reinen Begriffssprache misstraute. Die tieferen, »ätherischen« Kräfte könnten, so seine Überzeugung, durch Worte allein nur unzulänglich übermittelt werden. Deshalb spielt das Künstlerische in der Anthroposophie eine so große Rolle: die Architektur des Goetheanums, Steiners Wandtafelzeichnungen, Skizzen,

Plastiken, die Mysteriendramen und die Eurythmie, die Rolle der Kunst in den Waldorfschulen. Müssten Schüler heute nicht so viele abgepackte Formeln in sich hineinpauken, sondern könnten sich künstlerisch mehr mit lebendigen Formen auseinandersetzen, wäre ein Begriff wie »Ätherfigur« vielleicht verständlicher. Abgehoben wirkt er unter anderem deswegen, weil in unserem Leben Reizüberflutung und eine plakative Bildersprache so dominant geworden sind, dass uns die Sensibilität für solche feineren Wahrnehmungen abhandengekommen ist. Die Herrschaft des Kognitiven bestimmt schon im Schulunterricht nahezu alles. In jedem Museum könnte man kreativen Raum schaffen für diese verloren gegangenen Wahrnehmungen, aber auch hier bekommt man bei Führungen oft zu viel Didaktisches und Begriffliches vorgesetzt.

Beuys sensibilisiert uns mit seiner Kunst wieder für die »Ätherfiguren«, egal ob bei Materialien wie Honig, Filz, Talg, Gold, Kupfer, Basalt oder bei seinen Darstellungen des Innenlebens von Pflanzen und Tieren. Seine schöne und geheimnisvolle Formulierung »Ätherschwanenfigur« mag das näher verdeutlichen. Schaue ich mir die vielen Zeichnungen an, die Beuys von Schwänen gemacht hat, weiß ich etwas von der Wasserlandschaft rund um Kleve und von Mythologie, so wird dieser Terminus durchlässiger. Schwäne rühren uns seit jeher an mit ihrer Eleganz, ihrem Gesang, ihrer rätselhaften

Schönheit. In bestimmten Zeichnungen löst Beuys sie fast in ein Netz von Wirbeln und Strömungsmustern auf. Nur noch der Hals scheint vom realen Tierkörper übrig geblieben zu sein, aber auch nur, um mit seiner geschwungenen Form in andere, ähnliche Formen überführt zu werden, die mehr von den Wasser- und Luftströmungen handeln, in denen das Tier lebt.[38] Beuys' Kunst macht den Schwan durchlässig für die Elemente, die ihn umgeben, man möchte sagen, durchdringen. Und es kann einem manchmal so vorkommen, als ob der Tierleib auch dazu geschaffen wurde, um die Eleganz und Schönheit dieser flüchtigen Sphären noch mal in einem Bild zu überhöhen. Dann blitzt in der Intuition kurz etwas auf vom komplexen Zusammenhang in der Natur, von dem wir in unserem zergliedernden Denken oft abgeschnitten sind. In diesem Moment wird der reale Schwan zu mehr als einer zoologischen Kategorie, er wird zu dem Zauberwesen, von dem die Mythen (Leda, Lohengrin, Lemminkäinen) erzählen – auch zu einer spirituellen Erfahrung. Vielleicht meint Beuys dies, wenn er von der »Ätherschwanenfigur« spricht. Bei einem solchen Erleben ist man schon im Übersinnlichen, ohne dass dieses Wort irgendeinen okkulten Hokuspokus bedeutet. Man betritt ein Reich von subtilen Kraftfeldern, Urbildern und Innenräumen, das mehr Wirklichkeit hat als die stoffliche Außenseite. Zumindest fügt es zur Außenseite die zugehörige Innendimension hinzu. Erst dann wird aus dem Schwan ein wirklicher Schwan.

TIERE SIND ENGELWESEN

Beuys muss eine ungewöhnliche Nähe zu Tieren verspürt haben. Man hat manchmal den Eindruck, er wäre selbst gerne ein Hase oder Hirsch geworden. Ein Stück Hasenfell klebte links über dem Herzen an seiner Weste, er malte mit Hasenblut, berührte tote Hasen in Aktionen, zeichnete und plastizierte dieses Tier bis zu seiner letzten Aktion »7000 Eichen«. Wie für Steiner entstanden für Beuys die Tiere nicht vor dem Menschen, sondern nach ihm: eine vielen Menschen unbekannte und bis heute verwirrende Sicht auf die Evolution, die nicht nur bei Naturwissenschaftlern auf Ablehnung stößt.

Steiner stellt Darwins Erkenntnisse einfach auf den Kopf: Der Mensch sei als Idee zuerst da gewesen, und die Tiere hätten sich aus ihm nach und nach »herausgegliedert«. Als ungeduldige geistige Wesen, die den Zeitpunkt ihrer Inkarnation nicht hätten abwarten können, seien sie deshalb nicht von Menschen-, sondern von Tiergestalten verkörpert worden, sozusagen als »Materialisierung« bestimmter Leidenschaften, die zum Menschen dazugehören, aber in dieser Tierform besonders stark ausgeprägt worden seien. Der ideelle Urmensch habe, bevor er sich als ganzer Mensch inkarnierte, zuerst gewisse Teile in die Physis gebracht, etwa sein »Wölfisches«, »Äffisches«, »Vogelhaftes« oder »Fischhaftes«. Daher könnten wir heute zum Beispiel im Zoo unsere ganzen Leidenschaften und Fähigkeiten in isolierter und intensivierter Form herumspazieren sehen.

Niedere tierische Wesen haben laut Steiner »nicht warten können«, haben »ihre geistige Muttersubstanz« zu früh verlassen und sind daher auf einer früheren Evolutionsstufe stehen geblieben. Die Tiere in ihren verschiedenen Formen verkörpern daher zu früh verdichtete einzelne menschliche Leidenschaften.[39]

Obwohl Steiner Vegetarier war, die Vivisektion verurteilte und den Tieren eine eigene »Intelligenz« zusprach, klingt in seiner Evolutionstheorie auch Abwertendes mit. Die Tierseelen hätten nicht den rechten Inkarnationspunkt »abwarten« können, seien zu gierig gewesen und daher auf »niedrigeren Stufen (…) in einer gewissen Verhärtung (…) stehengeblieben«.[40] Etwas Mitleid und durchaus auch Verachtung schwingt zumindest an manchen Stellen mit, ein hierarchisches Denken, das den Menschen über das Tier stellt. Wie manch anderer Idee von Steiner stehe ich daher auch dieser skeptisch gegenüber – ganz abgesehen davon, dass sie reine Spekulation und vom Standpunkt moderner Evolutionsforschung her unhaltbar ist.

Aber wir wollen uns ansehen, was Beuys daraus gemacht hat, denn es gibt Stellen, wo er eine ganz ähnliche Sicht auf die Evolution ausdrückt. Bei ihm fällt auf, dass er weniger nüchtern, »objektiv« und kühl als Steiner darüber spricht. Die Tiere – so sagt Beuys – seien ein Reich, das man gar nicht »intim genug« betrachten könne, sie hätten eine »Liebesleistung« für uns Menschen vollbracht, indem sie »Vorversuche für das Menschwerden« seien.[41]

> »Ich bin nicht der Auffassung, dass der Mensch aus dem Tier hervorgegangen sei. Der Mensch war von Anfang an die Idee, aber um die Idee auf der Erde zu verwirklichen, mußten Experimente stattfinden. Denn die Idee des Menschen existierte nicht in physischen Verhältnissen. Deswegen sind die Tiere Opfer, weil sie für den Menschen ein Opfer gebracht haben. Sie haben den Menschen, so wie er jetzt physisch erscheint, möglich gemacht. Der Affe war wirklich kurz davor, ein Mensch zu sein. Deswegen müssen die Tiere unsere Freunde sein.«[42]

Für Beuys waren Tiere »ungeheure Kräfte und Energien«, ja sogar »Engelwesen«, die für ihn von einem Reich »oberhalb des Menschen« künden.[43] Er liebte und verehrte sie, vor allem ganz bestimmte Tiere, und hielt sie eigentlich für Gottheiten, die es vor unserer Gier und Grausamkeit zu schützen gelte.

Aus verschiedenen Gründen lasse ich mir Steiners esoterische Evolutionsauffassung bei Beuys eher gefallen. Spielerischer kommt sie daher, zärtlicher, mehr als Märchen denn als letzte Wahrheit. Ich kann in Freiheit mit diesen Tierbildern von Beuys verkehren und mich von ihnen anrühren lassen. Ob das mit der Verkehrung von Mensch- und Tierwerdung im biologischen Sinne so stimmt, lasse ich erst einmal dahingestellt. Man sollte diese Auffassung nicht als wissenschaftliche Erkenntnis betrachten, sondern eher als anrührendes Bild, so wie die Schöpfungsmythen anderer Kulturen. Interessanterweise vertreten einige indigene Völker Südamerikas, etwa die Campa, in dieser Hinsicht eine ähnliche Auffassung wie Steiner und Beuys:

> »Für die Völker Amazoniens ist der gemeinsame Urgrund von Mensch und Tier nicht die Tierheit, sondern die Menschheit (…) Die Mythen erzählen, wie die Tiere die von den Menschen ererbten oder beibehaltenen Eigenschaften verloren haben. Die Menschen leben als das fort, was sie immer waren. Die Menschen sind nicht ehemalige Tiere, sondern die Tiere ehemalige Menschen. In manchen Fällen gilt die menschliche Gattung als Substanz der Urfülle, als Urform von praktisch allem, nicht nur von Tieren (…) Wenn Menschsein der gemeinsame Urzustand von Menschen wie Nichtmenschen ist, so bedeutet das auch, dass die Seele oder der Geist – der subjektive Teil des Seins – ein universelles, voraussetzungsloses Apriori ist (…), wogegen die körperliche Erscheinung zu etwas Partikularem, Bedingtem, Aposteriorischen wird.«[44]

Der Ethnologe Eduardo Viveiros de Castro, der sich mit solchen Kosmologien beschäftigt hat, wertet diese nicht von vornherein ab. Er weist darauf hin, dass durch sie

Tiere noch stärker als personale Wesen mit sozialer Handlungsmacht und der Fähigkeit bewusster Intentionalität erlebt werden. Erzeugt das vielleicht auch mehr Respekt und Fürsorge gegenüber der Natur? »Ich weiß nur so viel«, so Viveiros de Castro, »dass wir reichere Ontologien brauchen.«[45]

Eine solche »reichere Ontologie« klingt auch an, wenn Beuys die Tiere unsere »Außenorgane« nennt, etwa in einer Talkshow des ORF vom 27. Januar 1983:

> »Und wenn ich dem toten Hasen die Bilder erkläre, dann sage ich, hier handelt es sich um einen toten Hasen. Und diese Aktion hat ja schon stattgefunden in einem Datum, als Menschen schon ein Bewusstsein hatten von den ökologischen Schäden, die Menschen in den Lebenslinien der Welt anrichten. Das heißt, sie töten Hasen, sie töten aber auch Böden, sie töten die Wälder durch ihre Produktionsweise, sie vernichten die Lebenslinien der Natur generell, das ist ja das ökologische Problem. Und wenn ich das sage, dass ein Hase etwas verstehen muss, dann weiß ich doch, dass ein Hase und mit ihm die Natur ein Organ des Menschen sind, ohne das der Mensch nicht leben kann. Das heißt, der Mensch braucht als Lunge den Wald, als Sauerstoffquelle, er braucht als Nahrung das Korn, so braucht er die vielfältige Tierwelt zum Fruchtbarwerden der Erde. Also da er das alles braucht, braucht er diese Natur und auch das Tier, wie er sein Herz braucht, wie er seine Leber und seine Lunge braucht. Also kann man einen Hasen als ein Außenorgan des Menschen nehmen.«[46]

Der Mensch braucht die Tiere wie »Außenorgane«, ohne die er nicht leben kann. Nicht nur als Nahrung: Wir essen keine Bienen, aber ihr Massensterben würde unsere Existenz dennoch tief bedrohen. Tiere sind in vielfältigster Weise unsere Kooperateure, der Begriff »Außenorgan« lädt zu interessanten Meditationen ein. Tiere sorgen etwa dafür, dass Ökosysteme intakt bleiben, die uns mit Luft und Nahrung versorgen. Das Vorkommen bestimmter Arten z. B. weist auf das Vorhandensein intakter Wald- oder Wasserlandschaften hin, ihr Sterben auf ernst zu nehmende Schäden. »Außenorgan« kann aber auch eine Einladung bedeuten, unsere Umwelt mit den Sinnen und Instinkten verschiedener Tiere wahrzunehmen. Jeder gute Tierfilm kann uns ermöglichen, die Welt einmal mit anderen Augen zu sehen. Wenn man erlebt, wie ein Fisch mit allen Poren das ihn umgebende Wasser durch sich hindurchströmen »fühlt«, kann man ermessen, welches Leid auf ihn wartet, wenn ein auslaufender Öltanker all seine Membranen verklebt. Dasselbe erfahren wir bei Seevögeln, Muscheln, Meerestieren aller Art. Indem wir mit Tieren als unseren »Außenorganen« sehen, hören, erleben, erschließt sich uns unsere Umwelt intensiver, und wir gelangen zu Formen gesteigerter Empathie.

Beuys weckt eine solche Sensibilität in uns mit seiner Kunst, indem er uns nahe an diese Wahrnehmungsqualitäten von Tieren heranführt.

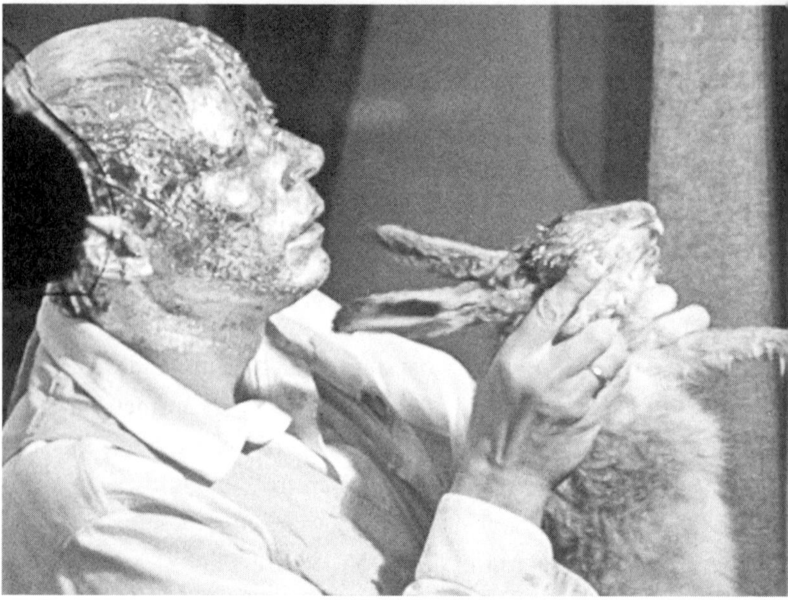

Innig verbindet er sich im November 1965 mit einem toten Hasen, um ihm seine Bilder zu erklären. Der moderne Mensch, so Beuys, will zeitgenössische Kunst nicht verstehen, da sie seinen vorgeformten Denkschemen zuwiderläuft. Er hasst es, unvoreingenommen seinen Gefühlen und Assoziationen zu folgen und ein neues Kunstwerk erst einmal auf sich wirken zu lassen. Beuys spricht hier vom »Todescharakter des Denkens« und ruft Tiergeister dagegen zu Hilfe. So schmiert er sich in seiner Aktion »Wie man dem toten Hasen die Bilder erklärt« den Kopf mit Honig ein, um feine Goldplättchen darauf zu drapieren. Das lebendige Produkt der Bienen sowie das Gold als Sonnen- und Wärmesubstanz sollen helfen, das starre Denken zu transformieren. Es soll in Bewegung kommen, strömen, fließen,

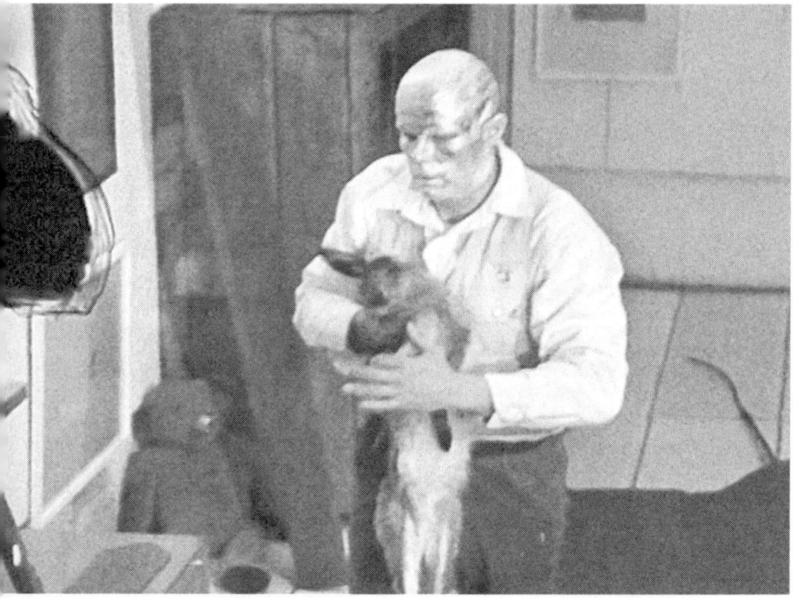

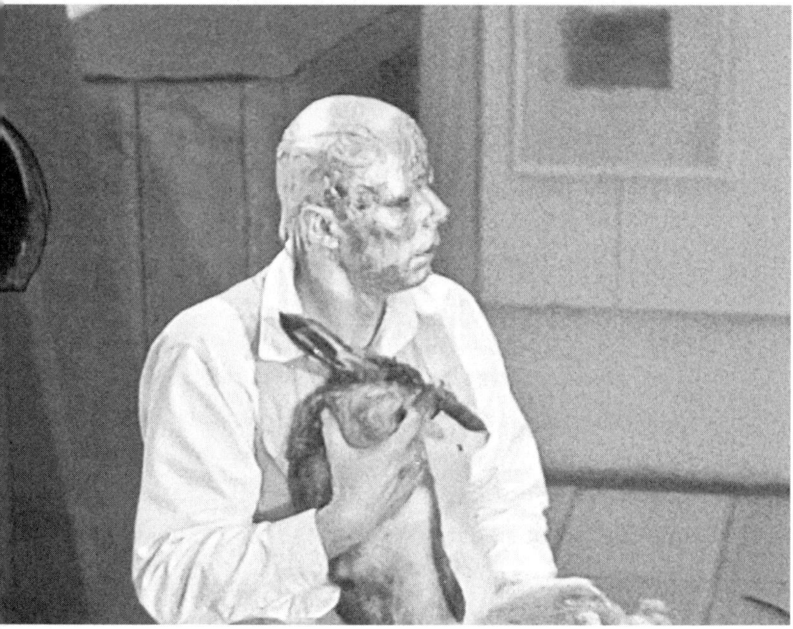

WIE MAN DEM TOTEN HASEN DIE BILDER ERKLÄRT, 1965

statt in normierten Mustern zu verharren. Der Hase als Instinktwesen wird als fähiger erachtet, moderne Kunst zu verstehen, als das intellektuell erstarrte Publikum, das nur Hohn und Befremdung äußert und daher von Beuys aus dem Galerieraum ausgesperrt wird. Die Menschen sollen bei dieser Aktion lediglich Betrachter von außen sein, damit der »reine, heilige Vorgang« durch sie nicht gestört würde.[47]

In der Aktion »Der Chef« von 1964 verweilt Beuys stundenlang auf dem Boden einer Galerie in einer Filzrolle, an deren Kopf- und Fußende jeweils ein toter Hase liegt. Durch ein Mikrofon stößt er in bestimmten Zeitabständen Laute und Geräusche aus, die über Lautsprecher ans Publikum übertragen werden. Nonverbale Botschaften, eher aus dem Reich der Kreaturen als dem der »zivilisierten« Menschen. Ö-Laute, Gurgeln, heisere Geräusche, Ächzen, Atmen, Signale aus der animalischen Welt, die wir in uns tragen, aber die uns peinlich geworden sind. Laute, die vielleicht Babys noch von sich geben oder Schwerkranke und Sterbende. Geräusche von jenseits der Schwelle des Normierten, Gefälligen, Abgesicherten. Die Hasen sind wie Boten, Begleiter, Schutzheilige dieser intimen Sphären: weiche, kleine Tierkörper mit riesigen Hörorganen, die im Moment ihres Todes vielleicht auch besonders aufgerissene Augen hatten. Mit ihrer Sensibilität kommuniziert der Künstler, der mit der Grobheit der Menschenwelt oft genug seine Probleme hatte.

Eine ähnliche Aktion führt Beuys mit einem anderen Tier vor, das durch seine Verbindung mit der Kultur Amerikas noch zusätzliche Bedeutung bekommt: dem Kojoten. Vom 21. bis 25. Mai 1974 ließ sich der Künstler in der New Yorker Galerie René Block mit diesem Tier einsperren, um auch wieder verschiedene Ebenen der Kommunikation auszutesten. Er nennt die Aktion provokativ »I like America and America likes me«. Der Titel ist eine ironische Anspielung auf die Tatsache, dass der Kojote als heiliges Tier der indianischen Urbevölkerung Amerikas gilt, und Hinweis darauf, dass Beuys sich nur mit diesem Teil des Landes verbinden will, nicht aber mit dem schicken New York:

> »Als ich diese Aktion mit dem Coyoten in New York gemacht habe, da bin ich mit dem Flugzeug von Düsseldorf nach New York geflogen mit der Absicht, nur den Coyoten sehen zu wollen. Ich wollte von Amerika nichts sehen als nur den Coyoten (...) Zehn Minuten, bevor das Flugzeug landete, habe ich mich in Filz einwickeln lassen (...) Und dann bin ich so in dieser Filzrolle in einen Ambulanzwagen verladen worden und dann in das Haus gebracht worden, wo die Aktion stattfand, wo der Coyote in dem Käfig herumsauste, schon. Und dann habe ich die Aktion durch eine Woche lang mit dem Coyoten gemacht, und der Flug nach Düsseldorf zurück war auf dieselbe Art und Weise (...)
> Ich habe die Aktion (...) nicht gemacht, um nur dieses Tier in der Aktion zu erfassen, sondern auch, was als Schicksal um das Tier herumliegt. Der Coyote ist der Volksfeind Nummer eins für Amerika, im Unterbewusstsein allerdings, des Amerikaners. Wenn ein Amerikaner

einen Coyoten sieht, dann zieht er sofort das Gewehr und schießt ihn tot. Das geht noch zurück auf das Trauma, auf die unbewältigte Vergangenheit des weißen Mannes in Amerika, der die rote Rasse ausgerottet hat. Der Coyote war nämlich das heilige Tier der Indianer (...) Es ist nicht wahr, dass der Coyote ein sehr schädliches Tier ist. (...) Also im Zusammenhang mit diesem amerikanischen Trauma, also mit dieser Vergangenheit hat mich diese Aktion interessiert (...)
Wenn man eine Weile mit einem Tier zusammen ist, versteht man es, und man sieht, wie das individuelle Tier ist, auch, was dieses Tier in seinem Seelenleben erleidet, sieht man auch. Und man sieht auch, welches Verhältnis das Tier zu seinem Gott hat, zu dem Gott, der alle Coyoten vertritt; denn zwar gibt es viele Wölfe und viele Coyoten als einzelne Tiere, aber über ihnen steht die Gruppenseele dieses Tieres (...) Das heißt, dieser Coyote hat seine eigentliche Gottheit in einem gewaltigen geistigen Wesen, was nicht auf der Erde existiert. Und mit ihm spricht dieses Tier. Und wiederum hat diese Gruppenseele des Coyoten ein Bedürfnis, mit dem Menschen zu sprechen. Also, das ist natürlich eine Vorstellung, die im materialistischen Zeitalter exakter, sogenannter exakter naturwissenschaftlicher Begriffe nicht mehr im menschlichen Bewusstsein und in der Vorstellung liegt. Deswegen ist die Kunst sehr wichtig.«[48]

Mit dem Wort »Gruppenseele« nähert sich Beuys wiederum einem Vorstellungskomplex aus der Anthroposophie an. Ein Tier ist für Rudolf Steiner nicht so sehr ein individuelles Wesen wie der Mensch, sondern Teil einer »Gruppenseele«, die stark atmosphärisch auf uns wirkt. Betreten wir ein Elefantengehege im Zoo, fallen uns nicht zuerst die Einzelpersönlichkeiten auf, sondern wir fühlen das »Elefantenhafte«, das Wesen dieser Riesengeschöpfe in ihrer ganz eigenen Art. Beuys kommuniziert mit dem Kojoten als einer mythologischen Größe, weniger mit dem einzelnen Tier. Dessen »Gruppenseele« steht für etwas: für List, Wildheit, Schlauheit, Beweglichkeit, Veränderbarkeit, etwa seiner Stimme und seines Nahrungsverhaltens in Krisenzeiten.

All das wurde von den Indianern beobachtet und bewundert, daher die Kojotenmasken, die bestimmte Stämme bei rituellen Tänzen verwendeten. Die weiße Bevölkerung Amerikas jedoch begann den Kojoten genauso zu hassen wie den Indianer, was Beuys den »traumatischen Punkt in der Zusammensetzung der Energien in den Vereinigten Staaten« nennt.[49]

Beide sind das »Andere« zur angestrebten »Zivilisation«, ein nicht domestizierbarer Naturanteil, der zum Schädling erklärt und eliminiert werden muss. Der edle Adler darf im Wappen der USA Platz nehmen, aber ein Kojote mit seinen wilden, manchmal wie Hohngelächter klingenden Schreien wäre undenkbar. Indem Beuys mit diesen verdrängten Sphären Amerikas Kontakt aufnimmt, wirkt er wieder als Bewusstmacher und Heiler von Wunden. Eingehüllt in eine Filzdecke, lässt er sich vom New Yorker Flughafen in einem Ambulanzwagen bis zur Galerie fahren, wo die Begegnung mit dem Kojoten stattfindet. Ein »Verletzter«, der zu einem anderen Verletzten eilt, um ihn mit seinem Hirtenstab zu behüten. Während der Aktion uriniert das Tier auf die auf dem Boden ausgelegten Exemplare des *Wall Street Journal*: Symbol des auf unendliche Geldvermehrung und Ausbeutung hin angelegten US-Kapitalismus.

»I like America und America likes me« bleibt bis heute bedeutende Kunst von großer Komplexität, die mythologische, historische, ökonomische und psychologische Schichten umfasst wie kaum ein anderes Werk des 20. Jahrhunderts. Auch auf junge Menschen übt die Arbeit immer noch eine Faszination aus. Meine Freundin Christine Klie, die als Kunsterzieherin arbeitet, hat sie im Schulunterricht eingesetzt und erstaunliche Dinge damit erlebt. Gerade Jugendliche aus Problemfamilien, die sich mit kognitiven Inhalten und der bildungsbürgerlichen Aura von Kunst schwertun, reagierten spontan auf die emotionale Kraft dieser Arbeit. Sie schienen sich spontan mit dem wilden, von der Gesellschaft verstoßenen Tier identifizieren zu können, auch mit den Indianern, denen es heilig ist. Beuys mag ihnen wie eine Art Kumpel erschienen sein, der ihre Macken aushält, aber ihnen dennoch mit Einfühlungsvermögen und Verständnis begegnet. Seine Arbeit löste ein intensives Kunsterlebnis in der Schule aus, das nichts mehr von Bildungsvermittlung an sich hatte, sondern in eigene elementare Erfahrungsbereiche hineinwirkte.

Von großer Bedeutung bei Beuys ist auch der Hirsch, das Tier, das in seinem Werk wohl am häufigsten auftaucht.

Beuys' Verhältnis zu ihm ist für mich in ein Geheimnis getaucht, das sich nicht so leicht erschließen lässt. Um ihm näher zu kommen, habe ich mir eine »Partitur« aus Werktiteln erstellt, um das darin Umkreiste zum Klingen zu bringen. Darin finden sich Bezeichnungen wie »Hirschführer«, »Hirschwagen«, »Hirschdenkmäler«, »Riesenhirsch mit Sonnen- und Mondscheiben«, »Blitzschlag mit Lichtschein auf Hirsch«, »Hirsch auf Urschlitten«, »Hirsch mit Menschenkopf«, »Hirschmann im Gebirge«, »Toter Hirsch und Mond«, »Blutender Hirsch auf Schädel«, »Kristall, Hirsch, Stern«, »Hirsch und Sonne«, »Roter Hirsch«, »Hirsch im Gestein«, »Toter Mann und Hirschskelett« etc.

In wenigen anderen Titeln des Künstlers weht ein so archaischer Wind. Man ist mit Urgeschichte, Mythologie und Schamanismus konfrontiert, und ich verstand plötzlich Beuys' Bemerkung, wonach er ein »wiedergeborener Höhlenzeichner« sei, der das Wissen seiner Kultur in die Neuzeit zu tragen habe.[50] Frühzeitliche Kulturen kannten Darstellungen von Menschen mit Hirschköpfen und von Hirschmännern geführte Kultwagen, wie man sie etwa im österreichischen Ort Strettweg ausgegraben hat. Bereits in der ca. 12 000 Jahre alten französischen »Grotte des Trois-Frères« fand man die Darstellung eines Wesens mit einem Geweih, das als Schamane gedeutet werden kann. Die Außenseite des berühmten »Kessels von Gundestrup« ziert eine ähnliche Gestalt, die wohl den gehörnten Gott der Kelten –

Cernunnos – verkörpert. Es sind Mischformen zwischen Tier und Mensch, wie sie auch in Zeichnungen von Beuys anklingen, wiederum der Versuch einer vom Künstler anvisierten symbiotischen Verschmelzung.

Trägt eine Zeichnung von Beuys den Titel »Hirschmann/Dämone«, so geht bei mir ein ganzer Film ab, der in archaische Traumschichten reicht. Ich imaginiere eine innere Tierverwandlung, bei der Kräfte aktiviert werden, die man sonst vielleicht lieber »unten« lässt: physische Kraft, starke sexuelle Potenz, Aggressivität, aber auch Gelassenheit und eine durch die von Blut durchströmten »Nervenenden« des Geweihs verstärkte Sensibilität. Im Gespräch mit Hagen Lieberknecht spricht Beuys vom Hirschgeweih nicht als einem Instrument von Kampf und Imponiergehabe, sondern nennt es zarter »Emanation des Aderwerkes, des hormonellen Geschehens, der Nervenverzweigung«.[51] Das Geweih erscheint hier weniger als Kopfputz aus hartem Horn, sondern als Weiterführung von subtilen Kräften im Inneren des Tieres. Vielleicht auch als »Antennen«, die in Bereiche hineinfühlen, die unsere normalen Sinne nicht mehr erreichen. Beuys erklärt in diesem Zusammenhang, dass der Hirsch ein Seelengefährte mit tiefen spirituellen Einsichten sei, der in Gefahrenmomenten auftauche. Er nennt ihn »Psychopompos«, was so viel wie »Begleiter der Seele in die Unterwelt« bedeutet. Das klingt nach spiritueller Überlegenheit: Der Hirsch weiß mehr als wir, oder unsere Hirschnatur weiß mehr als unsere

Menschennatur. Beuys verbindet dieses Tier auf Zeichnungen beispielsweise mit Sonne und Mond, also mit zyklischen Kräften des Auf- und Niedergangs, die so etwas wie einen endgültigen Endpunkt – etwa beim Tod – nicht mehr zulassen.

Indem wir uns in einem symbolischen Akt mit dieser Hirschnatur verbinden, verlieren wir Ängste, z. B. die vor dem Sterben, vielleicht auch vor starken animalischen Trieben in uns. Weder der physische Tod noch die Gewalt innerer Regungen kann unser Ich zerstören, wenn es nur richtig damit umgeht. Und richtiger Umgang hieße bei Beuys nicht krampfhafte Abwehr, sondern vielmehr Annahme und Anverwandlung, woraus die Chance einer Metamorphose entspringen könnte. Was frühere Kulturen vielleicht in solchen »Hirschtänzen« ausagierten, drückt der Künstler in einer Metapher aus, die eine heilende und kathartische Funktion haben kann. Beuys, der tiefe Krisen im Leben zu durchleiden hatte und dem Tod schon sehr nahe gewesen war, konnte sich möglicherweise auf diese Art auch von traumatischen Erfahrungen befreien. Dabei mag ihm der Hirsch zu einem starken Totemtier geworden sein, zu einem Begleiter, der dunkle Nächte zuweilen mit seiner ins Unbewusste reichenden Regenerationskraft aufhellen und Wunden der Seele schließen konnte.

Ganz anders wirken zunächst die Bienen, die Beuys ebenfalls künstlerisch intensiv umkreiste, sei es in Zeichnungen, Plastiken oder mit der »Honigpumpe« auf der *documenta* 6 im Jahre 1977. Ich habe Beuys bei dieser Documenta erlebt, wie er im Schacht bei der gewaltigen Pumpe hockte, die den Honig über durchsichtige Schläuche durch alle Räume des Fridericianums strömen ließ. Ich traf ihn auch bei Veranstaltungen in dem Raum der FIU, in dem dieses Rauschen zu hören war. Bis heute habe ich den Ton dieser Honigströme im Ohr, der wie das Ächzen und Flüstern eines Riesenorganismus wirkte. Mal war er minutenlang verschwunden, weil sich die Flüssigkeit irgendwo staute. Dann rauschte der Strom wieder mächtig hervor und bereicherte die oft kopflastigen Debatten mit einer sinnlichen Farbe, die einen daran erinnerte, dass es hier um Kunst ging.

Diese Installation war gleichermaßen gewaltig und subtil. Gewaltig, weil sie das ganze Haus durchströmte und auch akustisch immer präsent war. Subtil, weil sie schwer benennbare Emotionen in mir auslöste, die in gewisser Weise auch mein Leben veränderten. Ich war damals 24 Jahre alt, studierte an der FU-Berlin Musikwissenschaft und Philosophie und wohnte in einem Studentenheim. Eine einsame Zeit ohne viele Freunde und ohne ein genaues Lebensziel. Das Studium machte zum Teil Spaß, aber die wissenschaftliche Sprache wirkte auch sehr einengend auf mich. Ich empfand es immer als Erlösung, wenn in musikwissenschaftlichen Vorlesungen endlich die Klangbeispiele vorgeführt wurden und ich mir meine eigenen Gedanken machen konnte.

Meistens hatten sie mit den vom Professor erörterten Strukturen oder historischen Daten wenig zu tun. Mir erschien es oft, als könne eine Wissenschaft von der Musik gar nicht an das lebendige Geheimnis der Kompositionen heranreichen, und nur wenige Autoren, etwa Ernst Bloch oder Theodor W. Adorno, vermochten über eine bildhafte Sprache dorthin zu gelangen. Die Vorstellung, selbst einmal Wissenschaftler zu werden, war zwar nicht ohne Reiz, aber in mir gärten andere Sehnsüchte, die mir damals noch nicht bewusst waren. Nach einer Urlaubsreise durch Frankreich, bei der ich mich mit meinen Begleitern, Mitbewohnern im Studentenheim, verkracht hatte, fuhr ich spontan nach Kassel zur Documenta und traf dort unter anderem auf Beuys und die Honigpumpe. Die freie und anregende Atmosphäre von Künstlern aus aller Welt brach etwas in mir auf und erzeugte neue Lebensvisionen. Noch war ich im engen Rahmen des akademischen Studiums und seiner begrenzten Sprache gefangen, aber mir dämmerte, dass wohl nie ein Wissenschaftler aus mir werden würde.

Erst viel später wurde mir der Zusammenhang der Honigpumpe mit dem lebenslangen Bienenthema bei Beuys klar. Ich sah die zarten Zeichnungen seiner Bienenköniginnen, die entsprechenden Plastiken, verstand die Funktion des Honigs bei der Aktion mit dem toten Hasen und las Beuys' langen Beitrag in der *Rheinischen Bienenzeitung.*[52]

Der entscheidende Satz darin ist wohl Beuys' Erklärung, dass er seine Bienenskulpturen nicht als »Aussage über biologische Vorgänge im Bienenstock« verstanden wissen will, sondern als Metaphern für spirituelle und soziale Zusammenhänge. Er weist darauf hin, welche große Rolle Honig und Bienen immer in der Mythologie der Völker gespielt haben.

Wenn man hier recherchiert, kommt man tatsächlich zu erstaunlichen Einsichten. Bereits in den ca. 10 000 Jahre alten steinzeitlichen Höhlen von Araña bei Valencia in Spanien fand man Zeichnungen von Bienen und Honigsammlern, ebenso in der Siedlung von Çatal Hüyük im anatolischen Hochland, die um 4200 v. Chr. gebaut worden war. Bei den Babyloniern, Ägyptern, Juden und Indern galt der Honig als himmlische Speise, die man den Göttern als Opfer darbrachte. Die Biene war das heilige Tier der griechischen Göttin Demeter, im Grab des germanischen Königs Childerich I. fand man 300 Bienenplastiken aus Gold. Ein besonders schönes Bild stammt aus dem alten Ägypten, wo man in den Bienen die lebendig gewordenen Tränen des Sonnengottes Amun-Ra sah.

Wie immer bei Beuys, wird die Betrachtung eines Tieres auch hier in mythologische Zusammenhänge gestellt, wohl auch, um den Zauber zu erhöhen, der – trotz aller biologischen Erkenntnisse – immer noch von diesen Geschöpfen ausgeht. Im Gegensatz zu uns, die wir durch Monokulturen und den rücksichtslosen Einsatz von Pestiziden ein immer dramatischeres Bienensterben mitverantworten, verehrte man in der Antike dieses Wunderwesen und erhob es in den Rang des Göttlichen. Ganz ähnlich will Beuys' mythologische Betrachtung in dem Beitrag uns zum Staunen bringen und ein Gefühl der Fürsorge gegenüber diesem Tier wecken mit einer poetischen Bildhaftigkeit, die die Schönheit und Würde dieser Kreatur wieder hervorhebt. Angeregt von Rudolf Steiner, studiert Beuys die außerordentlichen plastischen Prozesse, die zu Honig und Wachs führen, sowie die Rolle der Biene als Bestäuber der Pflanzenwelt, ohne die wir Menschen niemals existieren könnten. Auch Steiner wies darauf hin, dass die Biene in älteren Kulturen ein heiliges Tier war. Und zwar, weil die plastischen Pro-zesse bei den Bienen, zwischen flüssigem und erhärtendem Wachs, Prozesse in unserem Körper widerspiegeln, etwa Aufbaustadien von Blut, Muskeln und Knochen. Im Wesen dieser Tiere liegen für ihn daher »ganz wunderbare Rätsel«.[53]

Der Kunsthistoriker Beat Wyss warf Beuys vor, »patriarchale« Vorstellungen zu pflegen, indem er den Bienenstaat zum Modell einer menschlichen Gemeinschaft ausrufe, in der dem Individuum nur »Gliedmaßenfunktion« zukomme.[54] Doch Beuys bezieht sich in dem oben erwähnten Gespräch in der *Rheinischen Bienenzeitung* nicht auf den Staat als politisches Gebilde:

»Aber der Bienenstaat ist ja kein Staat, der aus Individuen besteht, wie unser Staat aus lebenden Einzelindividuen besteht, sondern die einzelne Biene hat ja keine individuelle Funktion, ist ja nur Gliedmaß, hat nur Gliedmaßenfunktion. Das heißt, eine Biene würde entsprechen einem Härchen auf meinem Körper. So gesehen ist mein Körper auch ein Staat, der perfekt funktioniert.«[55]

Nicht das Individuum ist vergleichbar mit der Biene, sondern Haare, Haut- oder Blutzellen unseres Körpers, die in ein höheres Ganzes eingefügt sind und ab und zu auch ausgeschieden werden. Beuys verwendet das Bild des Bienenstaates für unsere Physiologie, nicht für ein utopisches Gesellschaftsmodell. Für soziale Zukunftsvisionen interessiert ihn nur der »Wärmecharakter« des Bienenstocks, der für Beuys auch eine Metapher für Sozialismus und Brüderlichkeit ist. Für die Bereitschaft, auch mal »sich selbst zurückzustellen und für andere etwas zu tun«. Dieser humane Impuls macht für Beuys den Bienenstock zu einer »sozialen Wärmeskulptur«, nicht die Eliminierung des Individuums zugunsten eines totalitären Ganzen.

Ob solche Betrachtungen für die Erfahrung von Kunst relevant sind oder nicht: Mein Erleben der »Honigpumpe« verlief auf einer ganz anderen Ebene, und ich hatte während der *documenta 6* das Gefühl, dass es für die meisten anderen Besucher auch so war. Der Reiz der Installation bestand aus der Kombination von mechanischen und organischen Elementen, von dröhnenden Maschinen im Untergrund und der flüchtig-goldfarbenen Honigsubstanz, die wie ein Blutkreislauf das ganze Haus durchpulste. Dies konnte man tatsächlich als eine »Wärmeskulptur« erleben. Die Kraft der Pumpe führte dazu, etwas in unseren Adern Gefrorenes und Erstarrtes wieder in Bewegung zu bringen, vermittelte Wärme und Farbe, löste Staunen aus, wirkte wie eine Art mentale Frischzellenkur. In einer Ausstellung, wo viele auch mit heftigen Blockaden gegenüber moderner Kunst zu kämpfen hatten, empfand ich dies als wohltuend und anregend. Und so erlebte ich mehr als einmal, dass Menschen, die in überhitzte Debatten verstrickt oder verstummt waren, durch das Geräusch des hereinströmenden Honigs aufgelockert wurden. Ein Lächeln erschien auf ihrem Gesicht, ein Ausdruck kindlicher Freude, kurzer Rührung, wie es die Poesie großer Kunst auszulösen vermag. Für diese intimen Erfahrungen bin ich Beuys bis heute dankbar.

DER ALCHEMIST

In den Schriften C. G. Jungs finden sich bewegende Sprüche alter Alchemisten über das Wesen ihrer magischen Kunst, die dem Schweizer Psychologen besonders am Herzen lag. Dort ist etwa die Rede davon, dass man die Asche nicht geringschätzen solle, da sie das »Diadem unseres Herzens« sei.[56] Oder dass im Blei eine »strahlend weiße Taube« wohne, die nur herausgelöst werden müsse.[57] Eines der eindrucksvollsten Bilder beschreibt den Notruf eines Königs, der – gefangen in dunkler Meerestiefe – zu uns heraufruft:

> »Verwerfet mich nicht darum, weil ich schwarz bin und dunkel, denn die Sonne hat mich so verbrannt; und die Abgründe haben mein Antlitz bedeckt, und die Erde ist verdorben und verunreinigt in meinen Werken, indem Finsternis war über ihr, da ich versunken bin im Schlamme der Tiefe und meine Substanz nicht erschlossen worden ist. Daher rufe ich aus der Tiefe, und aus dem Abgrund der Erde spricht meine Stimme zu euch allen, die ihr vorübergehet auf dem Wege: Habet acht und schauet mich an, ob jemals einer von euch

einen fand, der mir gleicht, so will ich ihm den Morgenstern in die Hand geben.«[58]

Diese Sätze treffen für mich auch etwas Wesentliches im Werk von Joseph Beuys, der Kenntnisse über die Alchemie besaß. Bei der Einschmelzung der Kopie der Zarenkrone während der Aktion »7000 Eichen« rief er laut die Namen von Paracelsus, Agrippa von Nettesheim und Athanasius Kircher in die Menge und erklärte damit das Geschehen zu einer alchemistischen Transformation. In Elementen wie Schwefel, Quecksilber und Salz, die für die Alchemisten wichtig waren, sah Beuys Analogien zu seiner plastischen Theorie: »Es handelt sich im Grunde bei diesen Kraftfeldern um das Chaos, die Bewegung und die Form. Das hat man auch mal ausgedrückt in Sulfur, Merkurius und Sal.«[59] In einem anderen Gespräch gab Beuys zu, dass es bei den Alchemisten auch Scharlatane gegeben habe, die Gold machen wollten, aber ihre Grundidee sei doch gewesen, »das Gold im Innern zu wandeln. Das Herzorgan, das Zentralorgan, die Sonne auf die Erde zu holen«.[60]

An solche Aussagen muss ich oft denken, wenn ich vor Objekten und Installationen von Beuys stehe. Ich spüre dort eine liebevolle Beschäftigung auch mit dem »Niedrigsten«, das durch Verwandlung in höhere Zustände – das »Gold« – emporgehoben wird. Wie C. G. Jung glaubte auch Beuys, dass für die Alchemisten Gold eher eine

Metapher für geistig-seelische Zustände war, die sie während der Arbeit im Labor zu erreichen suchten. Solche Labore betritt man, wenn man – etwa im »Block Beuys« des Hessischen Landesmuseums Darmstadt – vor der Vielzahl von Materialien steht, die für viele Menschen nicht immer herkömmlichen ästhetischen Kriterien genügen. Bei der Wahl seiner Ausgangsstoffe kannte Beuys nicht die Einteilung in »hoch« und »niedrig«, »wertvoll« und »unnütz«, »edel« und »schäbig«. Das haben viele nicht verstanden, die sich bis heute über Materialien wie Filz, Fett, Rost, Blut, Lehm, Moorschlamm, tote Ratten, Jod, Schimmel, Pulver, verkohlte Würste, Eierschalen, Zähne, Knochen, Zehennägel, Batterien, Kabel etc. mokieren. »Was hat das in einer Kunstausstellung zu suchen?«, hört man immer noch einige Besucher fragen.

Doch für mich trifft gerade die Wahl dieser Materialien ins Herz der Beuys'schen Kunst. Beuys hat auch Gold, Honig und Kupfer verwendet, aber kein anderer Künstler hat sich mit so viel Liebe hinabgeneigt zu den Stoffen, die viele Menschen als »arm«, »jämmerlich«, »billig«, »verbraucht«, »hässlich« oder »schmuddelig» ansehen.

Wer sich nicht »schmutzig« machen will, sollte eine Beuys-Ausstellung lieber nicht besuchen. Wenn er keine Angst davor hat, wird er interessante Erfahrungen dabei machen, was der Künstleralchemist mit dem »Schmutz« anstellt. Während die Hochglanzskulpturen eines Jeff

Koons – vor allem bei jungen Menschen – meist Bewunderung hervorrufen, befremdet Beuys' Affinität für scheinbar »kunstfremde« Materialien bis heute. Dabei kommen für mich gerade durch sie besonders intensive Erfahrungen zustande, die mich auch die Erkenntnisse der Alchemisten besser verstehen lassen. Beuys erscheint mir dann wie einer von ihnen, der ins 20. Jahrhundert versetzt wurde, um ihre Verwandlungskünste in unserer Zeit zu praktizieren. Dies ist auch ein Aspekt des Heilens, denn er hebt mit seiner alchemistischen Kunst schmerzhafte Dualismen auf, unter denen wir leiden. Denn wir tragen ja auch das »Niedrige«, »Jämmerliche«, »Verbrauchte«, »Fleckige« und »Schmutzige« in uns, die »Asche«, den »Rost« und das »Blei«, die die Alchemisten jedoch als Ausgangspunkte für Metamorphosen ansahen.

Diese Materialien stehen für unsere Schwächen, unsere Ängste, Verstocktheiten, die Fragilität und Vergänglichkeit unseres Körpers, für dunkle und verachtete Ecken in unserer Seele, die wir lieber nicht aufsuchen wollen. Beuys tritt diesbezüglich großzügig und offen auf. Indem er das »Schäbige«, »Dunkle« und »Abgenutzte« wählt, ermutigt er uns, es zuzulassen, es anzusehen auch in seiner Schönheit und Verwandlungsfähigkeit. Fläschchen mit Jod, Pulver und Chemikalien, Töpfe, Reagenz- und Weckgläser können dann wie Utensilien eines Arztes wirken, der unsere Wunden behandeln möchte. Sie strahlen bei Beuys nichts Kaltes und Steriles wie in Krankenhäusern aus, sondern etwas Warmes, gerade weil sie nicht abgekocht wurden. So wie die oft von ihm verwendete Farbe Braun, in der er selbst »Erde und gestaute Urfarbe Rot, erdige Wärme, eingetrocknetes Blut« sah.[61]

Beuys' »Erdtelephon« hat solch eine Aura. Auf einer braunen Unterlage steht ein altes Telefon neben einem Klumpen Lehm, aus dem Strohhalme oder Wurzeln herauskommen. Befremdet sah ich Menschen vor diesem Werk stehen, stumm oder verständnislos: Was soll der unförmige und dreckige Lehmhaufen in einem Museum? Wir sind doch nicht hier, um Dinge zu betrachten, die wir auch auf der Straße finden können. Doch »Erdtelephon« ist eine wunderbare Metapher, um tiefer in Worte wie »Sendung«, »Empfang«, »Hören«, »Sprechen«, »Verbindung«, »Anschluss«, »Kommunikation« hineinzulauschen, die wir täglich benutzen, ohne uns ihrer Reichweite voll bewusst zu sein.

Können wir mit einem Lehmklumpen telefonieren? Mit der Erde? Wenn man geduldig ist, steigen vielleicht Erinnerungen aus Kindheitstagen auf, in denen man draußen in der Natur spielte. Sich lustvoll mit Erde eingerieben hat und mit dreckigen Händen und Hosen nach Hause kam – zur Bestürzung der Erwachsenen.

Beuys erzählte davon, wie gerne er als Kind in den Landschaften des Niederrheins Labyrinthe und Höhlen in die Erde hineingegraben habe.[62] Was Kinder als warm

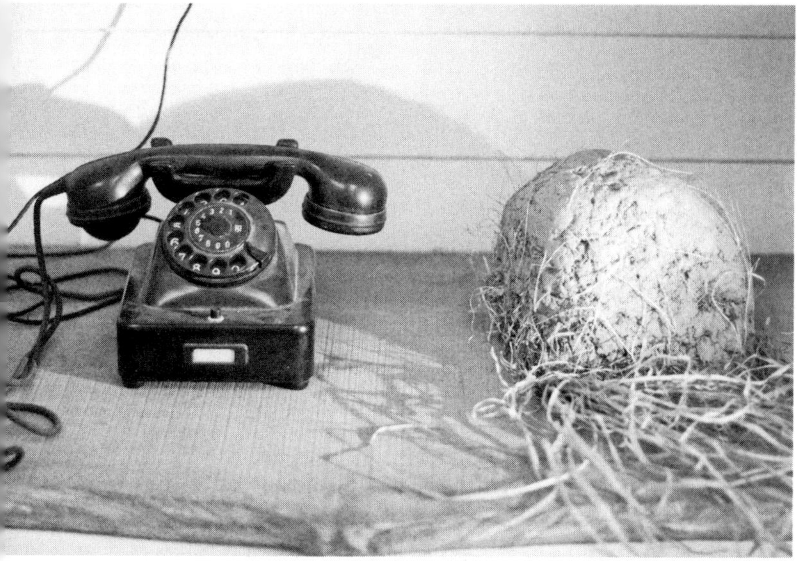

ERDTELEPHON, 1967

und spannend empfinden, haben die Erwachsenen buchstäblich unter sich gelassen und wollen, dass es gleich entfernt wird. Ironischerweise werden heute wieder Wochenendseminare angeboten, bei denen sich gestresste Manager im Schlamm wälzen, um das »Loslassen« zu üben und wieder Kontakt zum »Bauchgefühl« und zu »Mutter Erde« zu bekommen.

Beuys' »Erdtelephon« macht das auf einfachere Art möglich. Indem ich den Vorgang des Telefonierens geistig erweitere, komme ich in Kontakt mit dem Lehmklumpen, der nicht nur etwas scheinbar Lebloses und zu Entsorgendes ist. Bei der Betrachtung des Objekts wird auch immer mein Geruchssinn angesprochen. Ich will etwas riechen, glaube auch, etwas zu riechen, merke dann aber, dass die Scheiben der Vitrine das nicht zulassen. Dies verstärkt jedoch den Sinneseindruck noch. Gerade weil es physisch nicht möglich ist, werden Geruchs- und auch Geschmacksempfindungen in mir angeregt. Ich möchte den Klumpen auch befühlen, wie den Filz oder das Fett bei anderen Objekten von Beuys. Zwischen Telefon und Lehmklumpen ist keine Verbindung, also muss ich sie herstellen. Ich muss meine Sinne erweitern, vielleicht »spricht« dann etwas aus dem Erdhaufen zu mir. Immerhin ist es eine Art lebendiger Organismus, in dem viele natürliche Prozesse stattfinden. Tiere wohnen darin, und der Bauer düngt es, damit es auf wundersame Weise Früchte für uns hervorbringt. Manche Biologen verwenden – in Anklang an die griechische Erdgöttin – heute die Metapher »Gaia« für die komplexen Abläufe, in denen die verschiedenen Sphären der Erde zusammenwirken. Sie sehen darin so etwas wie einen riesigen Organismus. So sprechen sie davon, dass die Erde zäh und klug ist, ein »Recycling-Genie«, dass sie auf etwas reagiert, uns ernährt, weiß, wie sie z. B. Temperaturen reguliert und den Salzgehalt ihrer Meere konstant hält.[63]

Unser Gefühl für die Kommunikation zwischen menschlichen und nicht menschlichen Lebensbereichen ist heutzutage stärker geworden. Beuys veredelt den Erdklumpen als Alchemist, indem er ihm Leben einhaucht, ihn erhöht, ihn neben dem Telefon als gleichberechtigten »Gesprächspartner« sieht. Dadurch zwingt er uns, unsere Sinne zu verfeinern, mit Gefühl und Intuition hineinzuspüren in das, was wir »Erde« nennen. Das Gleiche macht er mit einfachsten Dingen und Materialien, wodurch eine animistische Komponente in sein Werk kommt. Letztlich ist alles für ihn beseelt wie in der Signaturenlehre der Alchemisten, die alles als Zeichen eines umfassenden Geistes lasen. Noch Novalis, den Beuys schätzte, zehrte davon, wenn er in den *Lehrlingen zu Sais* schrieb:

> »Mannigfache Wege gehen die Menschen. Wer sie verfolgt und vergleicht, wird wunderliche Figuren entstehen sehn; Figuren, die zu jener großen Chiffernschrift zu gehören scheinen, die man überall, auf Flügeln, Eierschalen, in Wolken, im Schnee, in Kristallen und in Steinbildungen, auf gefrierenden Wassern, im Innern und Äußern der Gebirge, der Pflanzen, der Tiere, der Menschen, in den Lichtern des Himmels, auf berührten und gestrichenen Scheiben von Pech und Glas, in den Feilspänen um den Magnet her, und sonderbaren Konjunkturen des Zufalls, erblickt. In ihnen ahndet man den Schlüssel dieser Wunderschrift, die Sprachlehre derselben; allein die Ahndung will sich selbst in keine feste Form fügen, und scheint kein höherer Schlüssel werden zu wollen.«[64]

Könnte man das Erlebnis eines Besuchs etwa im Darmstädter »Block Beuys« poetischer umschreiben? Wenn Novalis alles Äußere als ein »in Geheimniszustand versetztes Inneres« ansieht oder William Blake uns daran erinnert, dass bei gereinigter Wahrnehmung jedes Ding

»unendlich« sei, so folgt Beuys ihnen in seiner Arbeit. Selbst Pech und Feilspäne können dann Schlüssel zu einer »Wunderschrift« sein.

Wir sehen oft nur das Funktionale, von Vorurteilen Genormte an den Dingen, sind dressiert auf den zweckrationalen Blick. Aber die toten Bienen, Knochen, Zuckerwürfel, Luftpumpen, Uhren, Batterien, Spielzeuge, Telefone, auch Kreuze in den Beuys'schen Vitrinen verlieren unter dem Auge des Künstlers ihren vordefinierten Gebrauchscharakter und stellen sich für vielfältige Assoziationen zur Verfügung. Als ob sie aus dem Gefängnis ihrer einseitigen Zweckbestimmung ausbrechen und sich mit anderen Dingen verbinden wollen, die eigentlich nicht zu ihnen gehören. Klar abgegrenzte Bereiche wie das »Mineralische«, »Technische«, »Medizinische«, die Welt der Tiere und Pflanzen, sprengen ihre Grenzen und kommunizieren auf einer neuen Ebene. Wenn man nicht spirituell veranlagt ist, kann man das – wie etwa der Philosoph Kant – als »freies Spiel der Einbildungskraft« genießen. Doch Alchemisten, Kabbalisten, Rosenkreuzer, Mystiker, Novalis, Beuys und Steiner sehen mehr darin. Um es in einem großen Bild zu sagen: Für sie besteht die gesamte Welt aus verstreuten »göttlichen Funken«, die einst zu einem großen »Urlicht« gehörten und jetzt durch unsere Meditation wieder zu dieser verlorenen Einheit zusammengefügt werden wollen. Auch in der Asche schimmert ein »Diadem«, auch im Blei wohnt eine »weiße Taube«. Alles ist verbunden durch seinen gemeinsamen Ursprung in einem höheren kreativen Geist, den man wieder erkennen muss.

Heute hat vielleicht die Kunst diese spirituelle Aufgabe übernommen. Anders als Religionen oder esoterische Ideologien geht sie freier und spielerischer damit um. Sie formuliert keine dogmatischen Lehrsätze und befremdet uns nicht mit zu weihevollen Begriffen – vor allem die Beuys'sche Kunst nicht mit ihrer stetigen Beimischung von Humor und Lakonie.

Nebenbei vollbringt sie auch noch einen Recyclingakt, da sie unsere Wegwerfgesellschaft darauf aufmerksam macht, wie sehr sie auf das Neue, Teure, Glamouröse und Erlesene fixiert ist. Auf glatte, raffiniert gestaltete Werbefassaden, auf die von allen Falten befreite Haut, das allzu Saubere und Sterile. In unserer von Kosmetik und makellosem Design überfluteten Welt empfinde ich die Zärtlichkeit von Beuys für das Abgenutzte, Verrostete, Verblichene und scheinbar Billige als Balsam. Sie sagt mir, dass nicht immer nur alles perfekt sein muss, dass Altern, Tod, Schwäche und Verfall auch erlaubt sind, dass selbst im Unscheinbaren und Vernachlässigten Würde und Schönheit liegen können. Und dass wir im Hinblick auf eine seelisch und ökologisch gesündere Zukunft vielleicht Begriffe wie arm und reich, schön und hässlich, neu und gebraucht ganz neu definieren müssen.

DAS PRINZIP AUSCHWITZ

Ein bezeichnendes Beispiel für Beuys' Umgang mit Materialien, die manche Menschen nicht in einer Kunstausstellung sehen wollen, ist seine Vitrine »Auschwitz-Demonstration« (1956–1964). Der Betrachter sieht sich hier mit dem Holocaust und den Verbrechen des Nationalsozialismus konfrontiert. Er erblickt Holzgefäße mit Rattenkadavern, einen blitzförmig gefalteten Zollstock, einen Teller mit einem Gekreuzigten aus Plastillin, verkohlte Wurstringe, verkorkte Medizinfläschchen und die Zeichnung einer nackten Frau, die mit den Händen ihre Scham bedeckt.

In Auschwitz wurden Menschen verkohlt, mit Ratten verglichen, nackt ausgezogen vor ihrer Vergasung, in medizinischen Versuchen gefoltert. Darauf weisen die Flaschen, aber auch der Zollstock hin, der das kalte Denken der Pathologen und Schädelvermesser in Erinnerung ruft. Manchen Betrachter hat die Christusfigur auf dem Teller befremdet, aber es ist ein malträtierter Christus, nicht einer, der über dem Ganzen schwebt oder wegschaut. Tiefe Rillen durchziehen seinen Brustkorb, als sei er total abgemagert oder selbst gefoltert worden. Die Fettblöcke liegen erkaltet auf der Kochplatte, deren Kabel zugebunden und funktionsunfähig ist. Hier fließt kein Strom mehr, der das Fett zum Schmelzen bringen könnte. Alles bleibt erstarrt, eingefroren. Haben wir – die Betrachter – noch die Macht, etwas aufzutauen, in Bewegung zu bringen, in Heilungsprozesse umzuwandeln? Immerhin löst die kleine gemarterte Christusfigur Gefühle von Zartheit und Verletzlichkeit in mir aus. Wäre sie nicht da, wäre die Vitrine ein reines Kabinett des Trostlosen und Niederschmetternden.

Aber es geht kein echter Trost von der Figur aus, keine Spur von Transzendenz wie bei anderen Darstellungen von Beuys, wo sich der Gekreuzigte emporschwingt wie ein ekstatischer Tänzer. Hier aber liegt ein Wurm, ein abgestürzter Vogel, niedergetreten in den Dreck wie alle KZ-Opfer.

Die Frage, ob und wie Gott in Auschwitz anwesend war, hat ein ganz neues theologisches Nachdenken begründet: Elie Wiesel, Hans Jonas, Dorothee Sölle, Johann Baptist Metz und Hans Küng etwa haben sich intensiv damit beschäftigt. In seiner »Auschwitz-Demonstration« äußert sich Beuys nicht verbal zu solchen Fragen. Aber für mich tendiert er zur Haltung des Holocaust-Überlebenden Elie Wiesel, der davon sprach, dass Gott in den Konzentrationslagern selbst am Galgen gehangen habe.[65] Was bleibt, ist der Ausdruck unendlicher

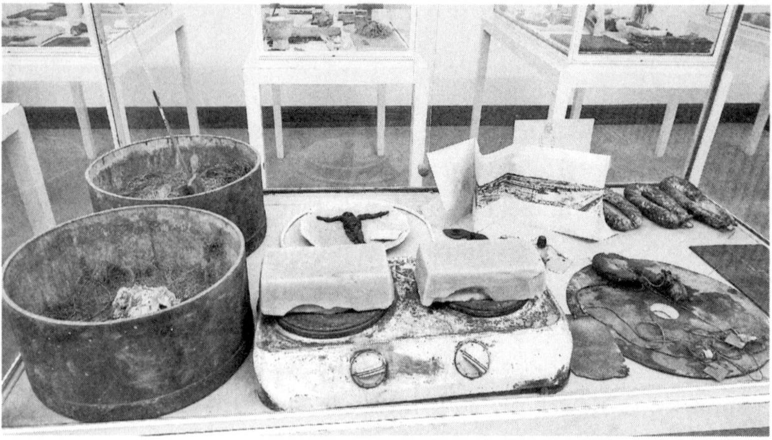
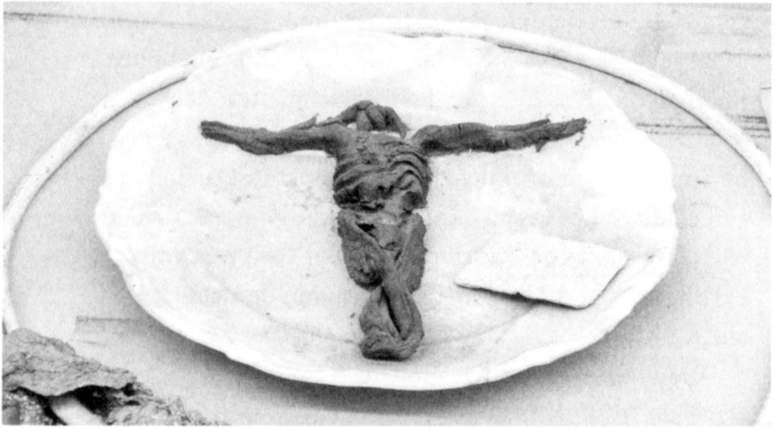
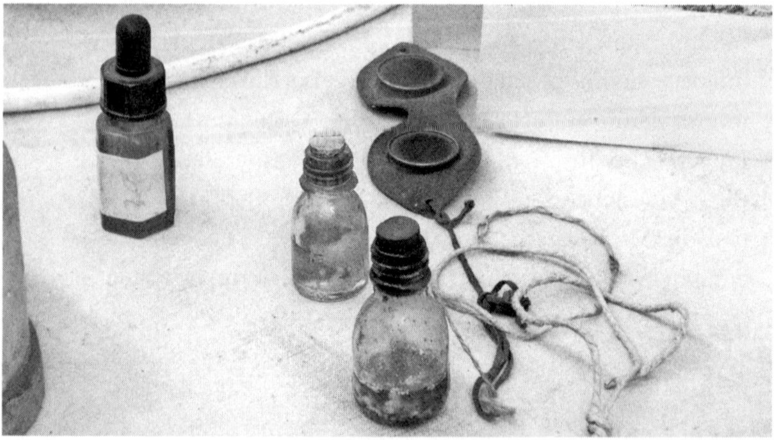

Schwachheit, Ohnmacht und Verletzbarkeit. Und eine offene Frage, was einen alles überwölbenden Himmel – in religiösem Sinn – angeht.

Um die »Auschwitz-Vitrine« tiefer zu verstehen, suchte ich nach weiteren Anhaltspunkten in Interviews von Beuys. In einem Gespräch mit Caroline Tisdall sagte der Künstler, dieses Objekt solle nicht die Katastrophe illustrieren, sondern ihre Substanz umschreiben. Dann folgen Stellen, die bis heute umstritten sind:

> »Nach meinem Verständnis sind diese Arbeiten nicht entstanden, um die Katastrophe darzustellen, obwohl die Erfahrung der Katastrophe sicherlich zu meiner bewußten Haltung beigetragen hat. Aber ich wollte sie nicht illustrieren (...) Die Lage, in der sich die Menschheit befindet, ist Auschwitz, und das Prinzip Auschwitz wird in unserem Verständnis von Wissenschaft und politischen Systemen, in der Delegation von Verantwortung an Spezialisten und im Schweigen der Intellektuellen und Künstler fortgeführt. Ich mußte mich ständig mit dieser Situation und ihren historischen Wurzeln auseinandersetzen. Ich meine zum Beispiel, daß wir heute Auschwitz in seiner zeitgenössischen Ausprägung erleben. Dieses Mal werden Körper von außen konserviert (kosmetische Mumifizierung), nicht vernichtet, dafür wird anderes ausgemerzt. Talent und Kreativität werden ausgebrannt: eine Art Hinrichtung im geistigen Bereich, eine Atmosphäre der Furcht wird geschaffen, die durch Subtilität eher noch gefährlicher ist.«[66]

In einem von Max Reithmann herausgegebenen Gespräch wird Beuys noch deutlicher:

> »Denn Auschwitz existiert weiter auf eine andere Art. Was heute wirkt, ist nicht mehr diese primitive Methode, daß man Menschen ins Feuer wirft und sie so vernichtet, aber heute vernichtet man sie durch diese Art von Wirtschaft, die die Menschen innerlich aushöhlt und zu Konsumsklaven macht und ihnen also äußerlich eine kosmetische, eine wirtschaftswunderartige Kosmetik überlegt, ihnen aber dadurch innerlich die Seele aus dem Leib reißt. Dieses Leersein fühlen ja viele junge Menschen. Es gibt immer mehr Menschen, die sich umbringen. Auch sogar schon auf der Schule. Das heißt, die Menschen sind innerlich schon durch die Auschwitzmethoden seelisch vernichtet worden. Also diese existiert ja weiter, auf eine raffiniertere Methode. Eine Überwindung der Sache gibt es nur durch Bewußtwerden des Menschenwesens selbst. Also einer Anthropologie, die wirklich jenseits der herrschenden Ideologien entwickelt wird (...) Also insofern ist diese Auschwitz-Vitrine eigentlich ein Spielzeug. Ich maße mir nicht an, dass ich dadurch – durch diese Sachen – etwas wiedergegeben habe von dem Schrecklichen.«[67]

Beuys geht hier sehr weit, für viele zu weit. Man ahnt, was er meint, aber alles in uns sträubt sich gegen seine missglückte Wortwahl und die Art des Denkens. Denn er thematisiert hier nicht das Grauen von Auschwitz als solches, sondern instrumentalisiert Auschwitz als Metapher für aktuelle gesellschaftliche Missstände.

Auch andere Künstler oder führende Denker der Nachkriegszeit setzten sich mit der fehlenden Aufarbeitung der nationalsozialistischen Vergangenheit und der Kontinuität einer faschistischen Geisteshaltung auseinander. Der Philosoph Theodor W. Adorno etwa, der ins Exil gegangen und dessen jüdischer Vater von den Nazis misshandelt worden war, schrieb in seinem Aufsatz *Was bedeutet Aufarbeitung der Vergangenheit?* von 1959: »Ich betrachte das Nachleben des Nationalsozialismus in der Demokratie als potentiell bedrohlicher denn das Nachleben faschistischer Tendenzen gegen die Demokratie.« Der Faschismus, so der Philosoph, lebe weniger bei den Neonazis fort als in einer verhängnisvollen Tendenz der Anpassung an ökonomische Strukturen, von denen eine »zur Totalität aufgeblähte Kulturindustrie« zusätzlich ablenke. Beide führten dazu, dass den Betroffenen nichts übrig bleibe, als dem Gegebenen »… sich anzupassen, sich zu fügen; sie müssen eben jene autonome Subjektivität durchstreichen, an welche die Idee von Demokratie appelliert, können sich selbst erhalten nur, wenn sie auf ihr Selbst verzichten.«

Diese Anpassungsleistung schaffe ein »totalitäres Potential«, das mit Unzufriedenheit und Wut aufgeladen sei. Vieles – so Adorno – spreche zwar dafür, dass die Demokratie heute die Menschen tiefer ergreife als in der Weimarer Zeit. Aber er wolle »… eine von der glatten Fassade des Alltags verdeckte Tendenz (…) bezeichnen, ehe sie die institutionellen Dämme überspült, die ihr einstweilen gesetzt sind.«[68]

In seiner späteren Schrift *Erziehung nach Auschwitz* (1966) wiederholt Adorno noch einmal, dass trotz aller Unsichtbarkeit von Not ein enormer gesellschaftlicher Druck weiterbestehe, der zu einer gefährlichen Kälte und Gleichgültigkeit führen könnte: »Das erste wäre darum, der Kälte zum Bewußtsein ihrer selbst zu verhelfen, der Gründe, warum sie wurde.«[69]

Was Beuys »Ausmerzung von Kreativität« nennt, heißt bei Adorno »Durchstreichung der autonomen Subjektivität«, und man ahnt, was beide damit sagen wollen. Heutzutage wäre wohl ein immer unerbittlicher werdender Arbeitsmarkt gemeint, der Menschen zu reduzierten Wesen versklavt, die vermeintliche Erfüllung nur noch in den Angeboten einer Konsumindustrie finden können. Oder extreme Anpassungsleistungen von Jugendlichen im Wettbewerb um Beliebtheit in sozialen Netzwerken und Castingshows, was zu Mobbing, Depression und Suchtverhalten führen kann. Dazu kommt der steigende Leistungsdruck in Schule und Universität, der Effizienz und funktionales Wissen favorisiert, aber Kreativität marginalisiert. Klare Zeichen dafür sind etwa die Kürzungen von Kunst- und Musikunterricht im Bildungsbereich, während mit horrenden Steuergeldern millionenschwere Renommierprojekte wie die Hamburger Elbphilhamonie gestemmt werden, die nur einer wohlhabenden Elite zugutekommen. Kreativität wird nicht mehr an der Basis gefördert, sondern verkommt als Begriff immer mehr zur Modefloskel eines profitorientierten Kunstmarktes oder von Banken, die ihr Image mit schicken Ausstellungen aufpolieren. Das vielleicht könnten die von Beuys sogenannten »raffinierteren Methoden« sein: die von einer immer ausgeklügelter werdenden Marketingtechnik erzeugten glatten Fassaden, die von subtilen Repressionen und gesellschaftlichem Druck erfolgreich ablenken.

Aber es gibt auch ganz andere Facetten in unserer Gesellschaft. In wohl keinem anderen Land gibt es so viele Kunst-, Musik-, Schauspiel- und Filmhochschulen, Galerien, Museen, Ausstellungen, Festivals und Kulturförderungen wie bei uns. Ein junger, talentierter Mensch kann vieles erreichen, wenn er sich darum bemüht. Es gibt zahlreiche Förderungen und Stipendien für sozial Schwache. Dies ist ein Land lebhafter Debatten, in Freiheit kann hier öffentlich über alles Mögliche gestritten werden, auch über kulturelle Leistungen, neue Bücher, Filme, Theaterstücke. Digitale Medien und das Internet sind nicht nur süchtig machende Dämonen, sondern ermöglichen eben auch neue Formen von Kreativität. Ohne die preiswerten Möglichkeiten digitaler Kamera- und Schnitttechnik hätte ich meinen Film über Beuys niemals machen können. Kann man all das wirklich »Ausmerzung von Kreativität« nennen? Und weshalb spricht Beuys angesichts einer so völlig anderen Geisteslage davon, dass wir in einer Atmosphäre der Furcht leben, die noch gefährlicher sei als die während der NS-Zeit? Wieso muss »das Prinzip Auschwitz« dafür herhalten, bestimmte kritikwürdige gesellschaftliche Phänomene zu benennen? Warum wird so getan, als hätten die Nazis nur mittels einer »primitiven Methode … Menschen ins Feuer« geworfen, was ja impliziert, dass sie Seelen weniger barbarisch behandelt hätten, als es heute geschieht?

Beuys hat hier eindeutig die falschen Begriffe gewählt. Er wollte drastisch zuspitzen aus Verzweiflung über gesellschaftliche Zustände und dachte dabei nicht daran, auf die Gefühle von Holocaust-Opfern Rücksicht zu nehmen, die schon wieder erleben mussten, wie Auschwitz zu einer universellen Metapher des Schreckens verdünnt wurde. Mir haben Beuys' allgemeine Aussagen nichts zum tieferen Verständnis seiner Auschwitz-Vitrine, der NS-Zeit oder der Gegenwart gebracht. Vielleicht die Einsicht, dass er – obwohl es tiefgründige Texte von ihm gibt – in seiner Kunst immer stärker ist als in seinen verbalen Äußerungen. Beuys' Beschäftigung mit Krieg, Diktatur, Gewalt, dem Holocaust und der deutschen Katastrophe wirkt in den nicht verbalen Schichten seiner Werke nach. Dort, im Visuellen, Atmosphärischen, Unterschwelligen haust das Unbeschreibbare, eben nicht in Worte zu Fassende, das zu umkreisen die eigentliche Aufgabe des Künstlers ist.

SCHRECKEN UND TRANSZENDENZ

Ein Blick auf Beuys' Gesamtwerk zeigt, dass darin die NS-Zeit als traumatische Schicht intensiv weiterwirkt. Beuys spricht nicht umsonst in einem Interview von dem »Schock«, den er nach dem Krieg erlitten hat, als er vom wahren Ausmaß der Nazi-Greuel erfuhr. Er nennt den Krieg sogar das »Urerlebnis, Grunderlebnis, was dazu geführt hat, daß ich überhaupt begonnen habe, mich mit der Kunst auseinanderzusetzen.«[70]

Vielleicht bezeichnete der amerikanische Kurator Gene Ray deshalb Beuys' Werk als ein »Projekt des Trauerns«, das viele Spuren des Entsetzens über die Nazi-Verbrechen enthalte. Ray nennt als eines von vielen Beispielen Beuys' Installation »Plight«, wo 284 gewaltige Filzsäulen wie eine schallisolierende Wand um einen Flügel gruppiert sind, auf dem ein Thermometer und eine Tafel mit leeren Notenlinien liegen. Dieser Raum erinnert Ray an ein Foto aus Auschwitz, auf dem eine ähnliche Anzahl von Säcken mit Menschenhaaren zu sehen sind, die zu Filz weiterverarbeitet werden sollten.[71]

Auch die Holzregale des Objekts »mein und meiner Lieben verlassener Schlaf« oder die Leichenbahren in »zeige deine Wunde« beschwören Bilder aus den Konzentrationslagern in uns herauf. Viele schwer benennbare Stimmungen, die andere Werke von ihm hervorrufen, zeigen, dass Beuys wie kaum ein anderer Künstler das Dunkle, Abgründige, Traumatische mit in seine Kunst einbezogen hat. Eine gute Beschreibung dieser Empfindungen lieferte die englische Kulturwissenschaftlerin Victoria Walters in ihrem großartigen Buch *Joseph Beuys and the Celtic Wor(l)d*. Darin erinnert sie sich auf sehr persönliche Weise an ihren Besuch einer Beuys-Ausstellung in der Londoner Tate Gallery im Jahre 2005. Erst sei sie unterfordert gewesen, wenig berührt von den befremdlichen Objekten, die in ihr eher Gefühle des Unmuts aufsteigen ließen. Dann aber, bei einem zweiten Besuch, sei es ihr so erschienen, als habe sie gelegentlich »Schreie im Todeskampf« (»cries of agony«) gehört. Sie fühlte ein starkes Bewusstsein von Verwundung in Beuys' Werken sowie eine therapeutisch-kathartische Wirkung, die für sie nur schwer in Worte zu fassen war.[72]

Ein ähnliches Erlebnis hatte ich im Sommer 2014 bei meinem Besuch des Mahnmals für die Kriegstoten der Gemeinde Büderich, das Beuys bereits im Jahre 1959 errichtete: ein an einer Kette hängendes, drei Meter hohes »Auferstehungssymbol« aus Eichenholz, das wie ein schwebendes Kruzifix wirkt und in mir Gefühle des

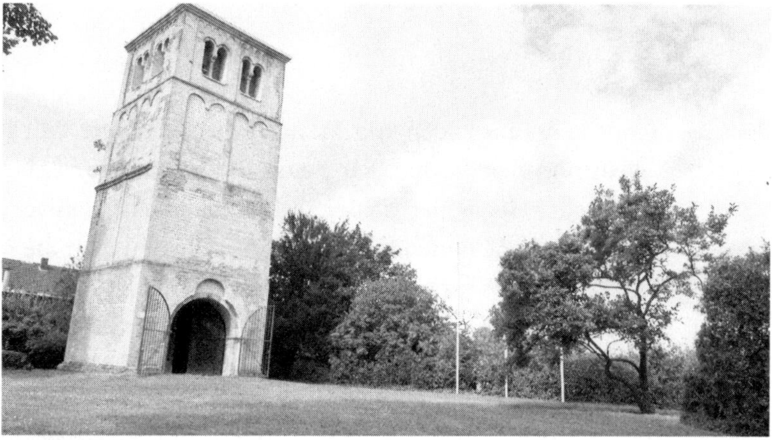

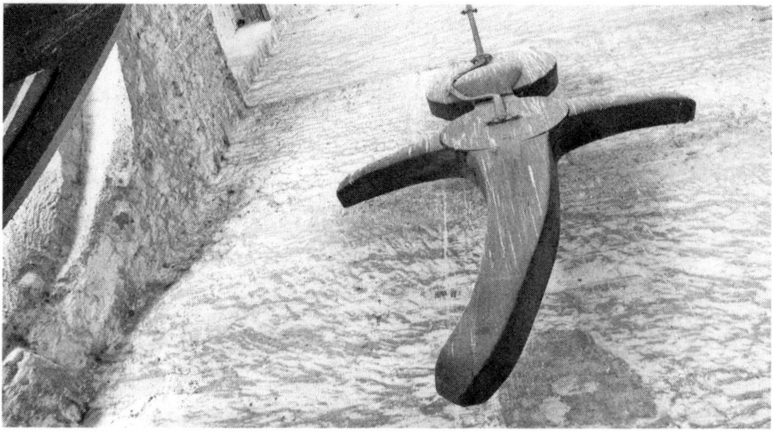

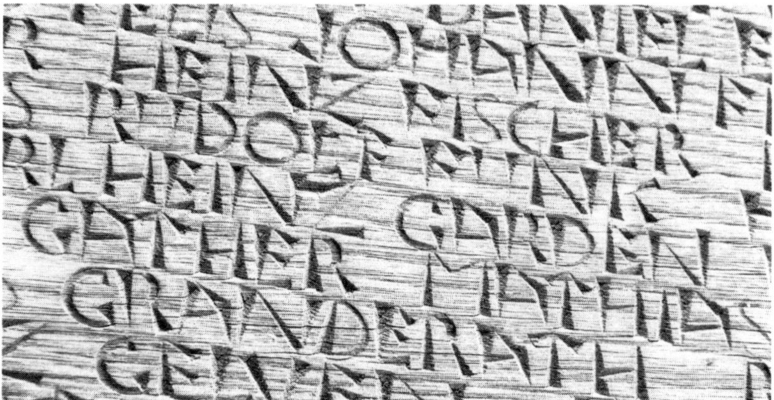

Schreckens, aber auch von Transzendenz erzeugte. Mit tief dringenden Stichen hat Beuys die Namen der 222 Büdericher Gefallenen beider Weltkriege in das massive Eichentor gemeißelt, das in den Turm führt, in dem die Plastik hängt. Wenn man davorsteht, fühlt man förmlich die physische Anstrengung, die der Künstler für diese Einkerbungen aufgebracht hat: Hingabe und Verneigung vor jedem einzelnen Toten. Vielleicht war es für Beuys auch eine Art Meditation, wie es eine für den Betrachter werden kann, der länger davor verweilt. Das Mahnmal liegt an einer stark befahrenen Straße, und im Minutentakt donnern die Flugzeuge des nahen Düsseldorfer Flughafens über den Turm hinweg.

Der Turm ist heute verschlossen, und man muss den Schlüssel beim nahen Standesamt abholen, da in der Vergangenheit nächtlicher Vandalismus zu beklagen war. Taubenkot befleckt das gewaltige, im Dämmerlicht hängende Kruzifix, und die Wände zeigen Spuren langjähriger Abnutzung. Wir hatten das Glück, noch vor der anstehenden Renovierung im Mahnmal drehen zu dürfen. Ich hatte schon befürchtet, erst danach wieder in einen nun makellos gereinigten Turm zu kommen, der dann für mich seine Aura verloren hätte. »Archivalien aus dem Bestand der Stadt Meerbusch«[73] zeigen, dass auch Beuys diese Spuren natürlicher Verwitterung guthieß und vor zu eiligen Renovierungen warnte.

Der Christus im Turm steht also mitten im Leben: Tiere bevölkern seine Umgebung, Straßenlärm dringt herein, einst haben hier womöglich Obdachlose übernachtet, die keine andere Bleibe finden konnten. Es ist eine Christusfigur, wie ich sie noch nie gesehen habe. Einerseits erinnert sie mich an einen am Galgen Erhängten, da Beuys ihr eine Art eiserne Schlinge um den Hals gelegt hat. Auch Assoziationen zu den Fleischerhaken des ehemaligen NS-Gefängnisses Plötzensee drängen sich mir auf, an denen viele Regimegegner aufgehängt wurden. Die große metallische Platte auf der Brust der Figur ruft Beklemmungen hervor, wirkt wie ein auf ihr lastendes Instrument der Peinigung.

Zunächst begegnete ich also einem Bild des Schreckens. Aber dann fiel mir auf, dass es kein normales Kruzifix ist, da der starre Kreuzbalken fehlt und Beuys die Figur durch Rundungen in Bewegung versetzt hat. Sie schwebt, erhebt sich, erinnert an das Interview mit Friedhelm Mennekes, in dem Beuys Christus als »den Bewegenden« bezeichnet:

> »Die Form, wie diese Verkörperung Christi sich in unserer Zeit vollzieht, ist das Bewegungselement schlechthin. Der sich Bewegende (…) Es ist also das Auferstehungsprinzip: die alte Gestalt, die stirbt oder erstarrt ist, in eine lebendige, durchpulste, lebensfördernde, seelenfordernde, geistfördernde Gestalt umzugestalten.«[74]

Angesichts der Eindringlichkeit dieser Skulptur kann man Beuys nicht vorwerfen, er habe sich nicht genug mit den Traumata des Krieges beschäftigt bzw. diese verharmlost. Aber anders als in der Auschwitz-Vitrine kommt hier zur Dimension des Schreckens jene der Auferstehung dazu, ohne in spirituellen Kitsch abzugleiten. Man ist letztlich eher erschüttert als erhoben in diesem seltsamen Raum, der für mich zwischen Hinrichtungs- und Gebetsstätte hin- und herchangiert. Ich konnte auch nicht leichtfertig sagen: Die Soldaten wurden zwar getötet, aber ihre Seelen leben weiter. Wer kann darüber schon etwas sagen, ohne in esoterische Spekulationen abzugleiten? Beuys hegte zwar Sympathien für Ideen von Reinkarnation und Auferstehung, aber als Künstler belässt er diese Vorstellung – Gott sei Dank – in einer ästhetischen Vieldeutigkeit, in der vor allem Fragen mitschwingen: Wer war Christus eigentlich? Wie kann man ihn heute darstellen? Gibt es eine nach dem Tode weiterlebende Seele? Wenn ja, wie ist sie beschaffen?

Das am genauesten benennbare Gefühl angesichts dieser Plastik ist Angerührtsein. Wir lesen die Namen der vielen Toten, ganz konkret »Heinz Fischer«, »Rudolf Funk«, »Josef Blömer«, »Paul Habermehl«, »Heinrich Driksen«, »Ernst Grulich« etc., und mögliche Bilder ihrer Schicksale steigen auf. Wie alt waren sie? Wo und wie sind sie gefallen? Was empfindet einer, der im Krieg eine tödliche Verwundung erleidet, kurz vor dem Sterben? Der schwebende Christus, das »Auferstehungssymbol«, ruft die Würde jedes dieser Menschen in Erinnerung, das Ungreifbare und Verletzliche seiner Seele, sein Weiterleben im Gedächtnis der Hinterbliebenen. Das Werk bleibt letztlich rätselhaft und ist nicht auf den Begriff zu bringen. Für mich ist es gerade deshalb eine spirituelle Plastik, die mich als Betrachter in ihrer Abstraktheit stärker beeindruckt als viele christliche Kruzifixdarstellungen, bei denen man oft schon weiß, was man denken soll.

ZEIGE DEINE WUNDE

Eine ähnliche Ambivalenz von Schrecken und Transzendenz löst in mir Beuys' Environment »zeige deine Wunde« aus. Nicht umsonst habe ich meinem Film und dem Buch diesen Titel gegeben. Seit ich diese Installation sah und ihren Titel las, hat beides in mir intensive Emotionen und Vorstellungen ausgelöst.

Beuys kreist unentwegt um das Thema Verwundung. Wir erwähnten bereits die in seinem *Lebenslauf/Werklauf* angegebene Bezeichnung seiner Geburt als »Ausstellung einer mit Heftpflaster zusammengezogenen Wunde«. Man kann etwas davon beim Anblick der mit Pflastern beklebten Kinderbadewanne im Münchner Lenbachhaus erleben. Eine altertümliche Wanne, die auf einem Sockel thront und an der unten ein kleiner Abflusshahn befestigt ist. Mich erinnert sie mit flauem Gefühl an Kinderheime, auch an die der Nazi-Zeit. Sie löst Bilder des Schreckens in mir aus. Ich sehe keine fröhlichen, im Wasser quietschenden Kinder, auch keine bunten Enten, Boote und Taucher als Spielzeuge, sondern

Krankenschwestern oder Euthanasieärzte, die kleine Wesen abschrubben und untertauchen. Kindheit als Ausgeliefertsein: Schmerz, Einsamkeit, Sprachlosigkeit, Ohnmacht. Auffällig oft hat Beuys Heftpflaster und Mullbinden in seine Objekte eingearbeitet, so auch in der Plastik »unbetitelt« (Seite 120), bei der sich eine vermummte und verletzte Figur auf dem Boden zu wälzen scheint. Der mit Beuys befreundete Kunstsammler Franz Joseph van der Grinten erzählte mir plastisch von Beuys' schwerer Lebenskrise in den 1950er-Jahren, als er Zuflucht auf dem Bauernhof seiner, van der Grintens, Eltern fand. Da habe er sich tagelang eingeschlossen in verdunkelte Räume, nicht mehr gezeichnet und eigentlich seinen Lebensmut verloren. Über die Gründe kann man nur spekulieren: Erfolglosigkeit als Künstler, eine

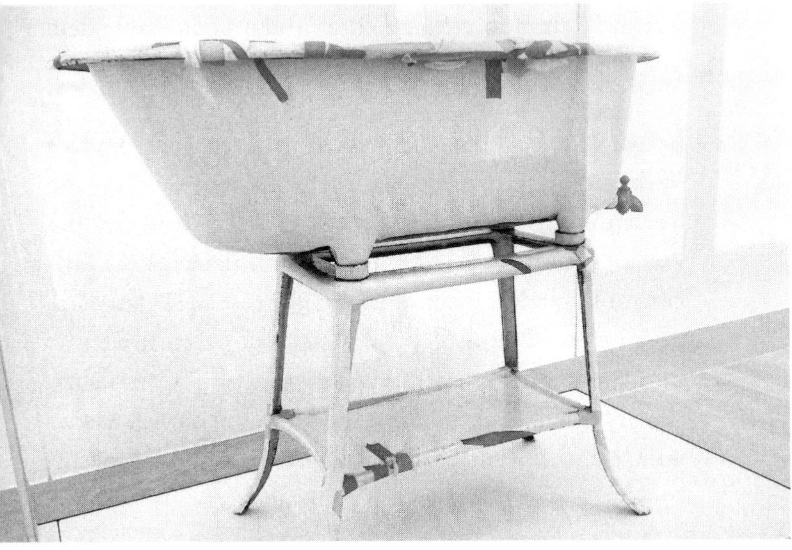

BADEWANNE, 1960

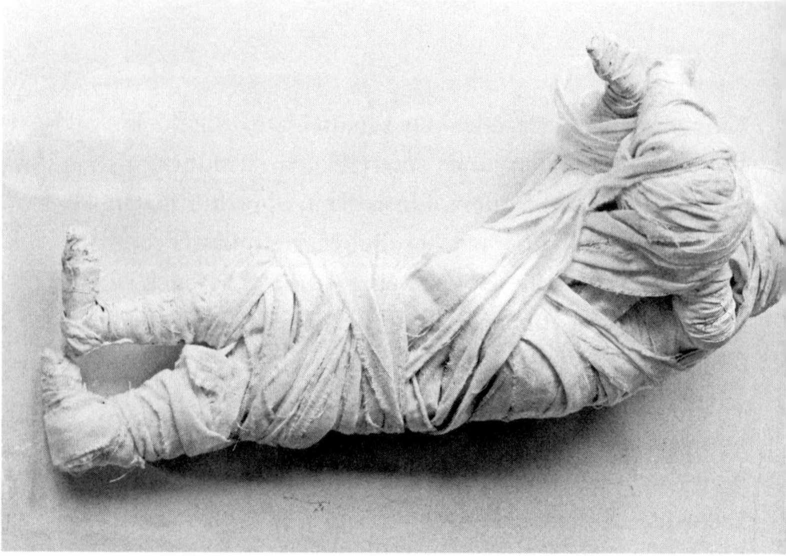

UNBETITELT, CA. 1955–1958

aufgelöste Verlobung, materielle Armut, aber vielleicht auch traumatische Erinnerungen an den Krieg, wo Beuys ja als Bordschütze einer Stuka täglich mit dem Tod konfrontiert war.

Beuys' Kunst hüllt sich nicht nur in gedämpftere Farben, sondern umkreist auch Sterben, Leiden und Verwundung mehr als die jedes anderen Künstlers des 20. Jahrhunderts. Es gibt bei ihm zwar tanzende »Aktricen«, blühende Eichen und die gelbe »Capri-Batterie«, aber Beuys ist eigentlich ein Meister der Unterweltfahrten. Nicht, dass er darin versumpft oder verloren geht, im Gegenteil: Er durchfährt die Tiefe, um daraus wieder aufzusteigen. Aber vorher taucht er erst einmal furchtlos ins Nächtliche, Finstere, Bodenlose unserer Existenz ein. Ich habe ihn für mich einmal »Herakles in den Städten« genannt, weil er so oft in dunkle Orte unserer Metropolen hinabgestiegen ist, um dort Heilimpulse zu setzen.

Das konnte man deutlich 1976 am ersten Ausstellungsort der Installation »zeige deine Wunde« sehen, der sich in einem großen Betonraum einer Fußgängerunterführung unter der Münchner Maximilianstraße befand. Der Verleger Peter Schata war so liebenswürdig, mir seine expressiven Schwarz-Weiß-Fotos davon zur Verfügung zu stellen. Man betritt zunächst eine Schreckenskammer. Unheimlich stehen die beiden Leichenbahren in der Ecke des riesigen und kahlen Raumes. Worte wie Auschwitz oder Tuol Sleng (das Folterlager der Roten Khmer in Kambodscha) kommen einem in den Sinn.

Die an die Wand gelehnten Werkzeuge wirken wie Folterinstrumente, die Kisten unter den Bahren auf dem fleckigen Boden könnten Leichenteile enthalten. Menschenversuche mögen hier unter der Erde stattgefunden haben, und man kann sich vorstellen, welche Emotionen diese Installation unter der schicken Maximilianstraße ausgelöst hat. Oben die teuren Boutiquen von Armani, Cartier, Versace, Chanel, Jil Sander und Gucci, die Cafés mit Gästen aus der betuchten Münchner Bussi-Bussi-Gesellschaft, darunter das fahle Licht abgründiger Sze-

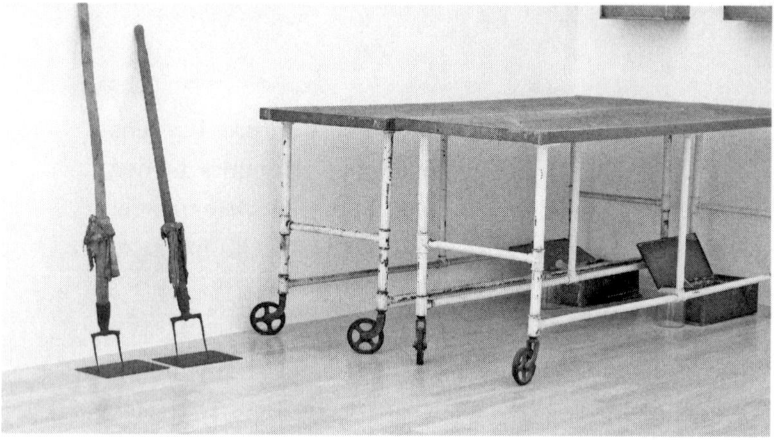
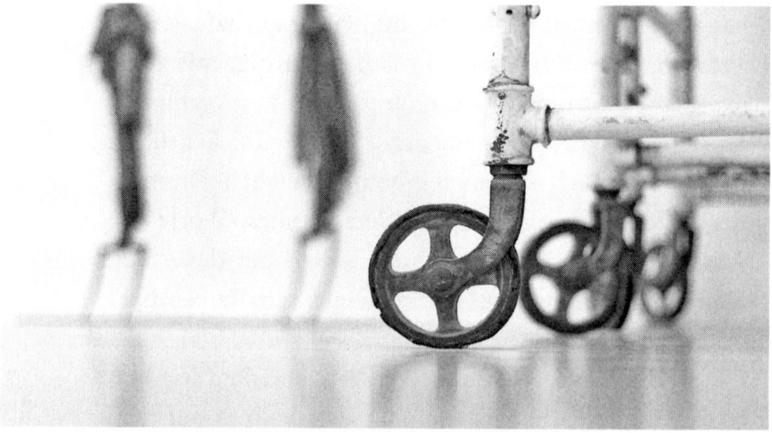
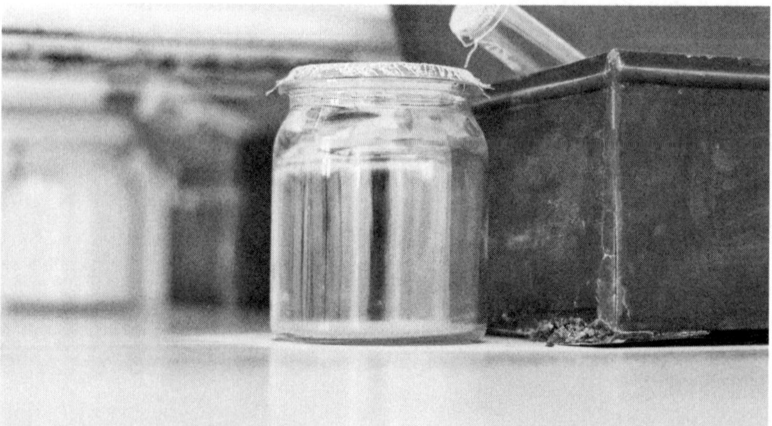

narien mit Verstümmelungen und Gewaltakten, deren Laute nicht mehr nach oben dringen. Eine Unterwelt, nur wenige Meter getrennt von der schillernden Großstadtoberfläche. Beuys' Installation und gerade ihr erster düsterer Ausstellungsort machen uns auf Spaltungen in dieser Gesellschaft aufmerksam: Vernunft und Trieb, Schönheit und Elend, Glanzmeilen und verkommene Ecken, Freundlichkeit und Gewalt existieren oft genug unversöhnt nebeneinander, und wir sind schockiert, wenn das Dunkle aus seinem Verlies hervorbricht. Beuys hat einen Sinn für solche Konstellationen, wie wir noch an anderen Beispielen sehen werden.

Ähnlich wie das Büdericher Mahnmal besitzt aber auch »zeige deine Wunde« eine Dimension von Hoffnung und Transformation, die nicht unbedingt auf den ersten Blick sichtbar wird. In den Räumen des Münchner Lenbachhauses, wo das Environment heute seinen Platz hat, tritt sie für mich deutlicher hervor. Zunächst dominiert auch hier der Eindruck des Kühlen und der Todesnähe. Doch man wähnt sich eher in einem Laboratorium oder Operationssaal als in einem verschimmelten Folterkeller. Ich muss an die Seziersäle der Pathologie denken, an weiße Gummihandschuhe, Gerichtsmediziner und ihr unter starken Lampen stattfindendes analytisches Handwerk. Hier herrscht der emotionslose Geist des Auftrennens und akribischen Untersuchens von toten Körpern, aus denen jeder Lebensfunke verschwunden ist. Auf dem grauen Aluminium der Bahren sieht man noch die Spuren der Leichensäfte, die dort eigenartige Flecken und Muster hinterlassen haben. Man denkt an den nüchternen Ausspruch des berühmten Arztes Rudolf Virchow, wonach er Tausende von Leichen seziert, aber keine Seele darin gefunden habe.

Auch die schwarzen Wandtafeln wirken aus der Entfernung zunächst wie Unterlagen für nüchternes medizinisches Protokollieren. Auf ihnen könnten Ergebnisse der Obduktion stehen, die schnell notiert und beim nächsten Fall wieder weggewischt werden. Aber beim zweiten Blick enthüllen sich andere Schichten. »zeige deine Wunde« steht wie mit Kinderschrift auf den Tafeln, und man spürt, dass auch noch eine andere als die physische Wunde gemeint ist. Begleitet von der Restauratorin, darf ich mit der Kamera nahe heran an die Objekte und sehe erstmals auch den Inhalt der unter den Bahren stehenden Kästen: das braune Fett, die Reagenzgläser mit Vogelköpfen und Fieberthermometer. Sind es die geronnenen Körpersäfte des Toten, deren Restwärme noch gemessen werden soll? Speicher von Lebensenergien, die nicht ganz verloren gehen können? In Glaskästen an der Wand hängen zwei Ausgaben der Zeitschrift *Lotta continua (Der Kampf geht weiter)*, ein Organ der Linken in Italien zur Zeit der Studentenbewegung. Welcher Kampf geht hier weiter, wo wir es doch mit Leichenbahren zu tun haben? Der einer weiter fortlebenden Seele?

Außerdem sehen wir Arbeitsgeräte, Schepser zum Entfernen von Rinde und Forken zum Verdichten von Schotter unter Gleisen, um die rote Tuchfetzen gebunden sind. Werkzeuge aus der Arbeitssphäre des Waldes und der Bahngleise. Sie wirken auf mich wie Gegenpole zu den Bahren und Reagenzgläsern, als Signale aus der Welt der körperlichen Arbeit an frischer Luft, in der Natur, wo Wärmeprozesse in Gang kommen. Die Tücher könnten zum Abwischen von Schweiß benutzt worden sein, ihre rote Farbe erinnert mich an bäuerliche Kopftücher, bringt etwas Buntes, Vitales in die Installation. Wie in vielen anderen Werken von Beuys prallen hier Kälte- und Wärmepole aufeinander. Das Rot der Zeitung und der Tücher gegenüber dem Schwarzgrau der Pathologiegeräte. Der Schwung der physischen Arbeit gegenüber der analytischen Kopfarbeit. Das Verspielte der Kinderschrift gegenüber dem Ernst von Tod und Wissenschaft. Beuys lässt einen nicht in Ruhe mit dieser Polarität, auch dieses Werk hat keine endgültige Botschaft. Auf mich wirkt es am Ende sonderbar tröstlich. Kinder flüstern mir zu, dass ich meine Wunde zeigen darf – und dass dies nicht meinen Tod bedeuten muss. Das Rot der Tücher und Zeitungen signalisiert, dass unser Bestes eine gerade nicht messbare Lebensenergie ist, sondern eine seelische Vitalkraft, die vielleicht auch über das physische Ende hinaus weiterfließt.

Beuys' Reflexionen zum Komplex Wunde und Heilung haben mir auch ganz konkret geholfen. Während der Vorarbeit am Film stürzte ich im Januar 2014 bei Glatteis mit dem Fahrrad und zog mir eine Schulterverletzung zu, deren Behandlung fast ein ganzes Jahr in Anspruch nahm. Es gab eine Operation, lange Physiotherapie, ich war in vielfacher Weise gehandicapt und musste eine neue Langsamkeit und Behutsamkeit lernen. Dabei trug ich den Titel meines anvisierten Projekts wie ein Mantra mit mir herum. In den Vorzimmern von Orthopäden und Radiologen vertrieb ich mir lange Wartezeiten mit Nachdenken und Notizen zum Film. Manchmal auch auf Krankenhausfluren, wo vielfältiges Elend und Leiden mich umgaben. Verbundene, eingegipste, humpelnde Menschen mit Röntgenbildern unter dem Arm und verzweifelten Gesichtern in Begleitung von Angehörigen. Kleinere und größere Tragödien, viel stummes Ausharren und Vor-sich-hin-Starren, ich hatte oft selbst bange Fragen über die Zukunft im Kopf, während selbstbewusste junge Ärztinnen in weißen Kitteln über die Gänge rauschten. Da war Beuys oft mit anwesend, und seine Sensibilität für die fragilen Seiten unserer Existenz begleitete mich auf eine brüderliche Weise. Ich fühlte mich beschützt durch den schönen, von ihm entliehenen Filmtitel und dachte viel über die Kraft nach, die das Bild der Wunde bei ihm hat. Hoffte, dass sie auch mich aus gelegentlichen Ängsten und Unsicherheiten herausführen könnte. Ich fühlte mich bei ihm besser aufgehoben als bei Künstlern, die das Strahlende, Starke oder Monumentale in den Vordergrund schieben. Und es ergab fast Sinn, dass der Unfall ausgerechnet in die Vorbereitungen zur Filmarbeit fiel, als ich ihn eigentlich am allerwenigsten gebrauchen konnte. Doch gerade das vertiefte noch einmal die menschliche Dimension von Beuys' Kunst.

In dem Katalog *Eine Innere Mongolei* gibt es dazu einen schönen Text von ihm, in dem er die Wichtigkeit von radikaler Offenheit betont. Man solle, so heißt es da, seine Fehler und Mängel nicht verstecken, denn es werde für die ganze Welt erst produktiv, wenn der Mensch zugebe, dass er ein unvollkommenes Wesen sei. Indem man dies sage, entstehe überhaupt erst ein kreativer Prozess:

> »Diese Wunde, dieses Fragmentarische muß man anschauen und dann weitergehen, sich ergänzen lassen vom anderen. Das gemeinsame Vorgehen bringt die Menschheit überhaupt erst in Gang.«[75]

WÄRMEZEITMASCHINEN

Wir sprachen von Beuys' Hinabsteigen in die Unterwelt, wo er sich – wie mythologische Helden und Schamanen – mit dem Dunklen konfrontiert, um daraus Impulse für Heilung und Regeneration zu gewinnen. Eine solche Erfahrung konnte ich auch mit dem Werk »Unschlitt/Tallow« machen, und sie geriet noch wesentlich intensiver als angenommen. Ich hatte von dem toten Raum über der Fußgängerunterführung in Münster gehört, der Beuys zu dem Werk inspiriert hatte. Ursprünglich wollte er ihn mit Bienenwachs ausgießen, was aber technisch unmöglich war. So ließ er ihn als Form nachbilden, um ihn mit einer Talg-Stearin-Mischung auszufüllen, deren erkaltende Blöcke er dann zu der monumentalen Plastik »Unschlitt« zurechtschnitt. Im Berliner Museum »Hamburger Bahnhof«, wo sie heute ausgestellt ist, weist eine Texttafel kurz auf diesen Ursprung des Kunstwerkes hin. Diese wird aber oft übersehen, und viele Besucher gehen ratlos an dem Objekt vorbei, zu dem sie keinen Zugang finden.

Für mich war klar, dass ich bei den Dreharbeiten diesen toten Schacht in Münster aufsuchen wollte, um mir selbst ein Bild zu machen. An einem strahlend schönen Augusttag 2014 kamen wir dort an und fanden auch schnell die Unterführung in der Bäckergasse. Sie liegt mitten im Universitätsviertel, und zahlreiche Studenten bevölkerten den Platz davor. Sie waren in angeregte Gespräche vertieft oder saßen in den umliegenden kleinen Bistros, um ihren Kaffee zu genießen. Doch schon als ich mich dem Eingang zur Fußgängerunterführung näherte, spürte ich, dass hier – neben dem fröhlichen Getriebe – noch eine ganz andere Aura wirkte. Ein tiefer, unangenehmer Brummton kam aus großen Lüftungsschächten an der weißen Wand, auf der in Graffitischrift stand: »FIFA + Human Rights«. Es war kurz nach der Fußballweltmeisterschaft 2014 in Brasilien. Die Aufschrift spielte auf Menschenrechtsverletzungen vor und während dieser gigantischen Veranstaltung an, z.B. auf die Vertreibung armer oder indigener Bevölkerungsgruppen zwecks Neubauten von Stadien und Parkplätzen.

Die Architektur an diesem Ort wirkte steril und abweisend, man wähnte sich eher auf einem militärischen Versuchsgelände oder dem Areal eines Labors für Tierversuche. Noch bedrückender aber wurde es, als unter uns der Eingang zur Fußgängerunterführung sichtbar wurde, der einst gebaut worden war, damit die Studenten nicht die viel befahrene B 54 überqueren mussten.

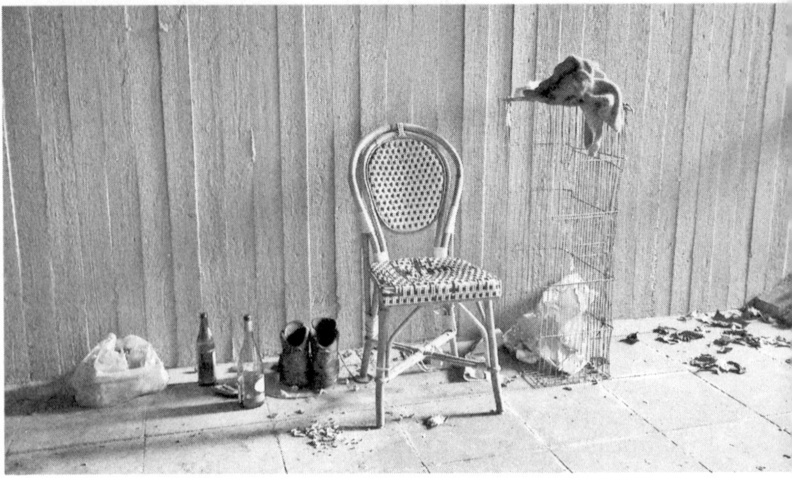

Ein schwarzes Loch tat sich vor uns auf, mit Gittern verschlossen, wie der Eingang in eine Unterwelt. Nie zuvor hatte ich Ähnliches in einer deutschen Stadt gesehen. Wir stiegen hinab und starrten durch das Gitter in ein finsteres Nichts. Da die Unterführung wegen ihrer unheimlichen Atmosphäre nie von den Studenten angenommen worden war, hatte man sie kurzerhand geschlossen. Doch statt diesen Unort abzureißen oder positiv zu verändern, ließ man ihn einfach weiterexistieren wie ein Denkmal des Kalten, Toten und Abweisenden und kümmerte sich nicht weiter um seine abschreckende Ausstrahlung.

Bei näherem Hinsehen erblickte ich einen Stuhl, ein paar abgenutzte Wanderschuhe und eine Flasche Rotwein vor dem Schacht. Offensichtlich hauste hier jemand, vielleicht Obdachlose, die keinen anderen Ort in Münster gefunden hatten. Etwas Kaltes wehte aus dem Tunnel herüber, ich hörte Geräusche und fühlte mich

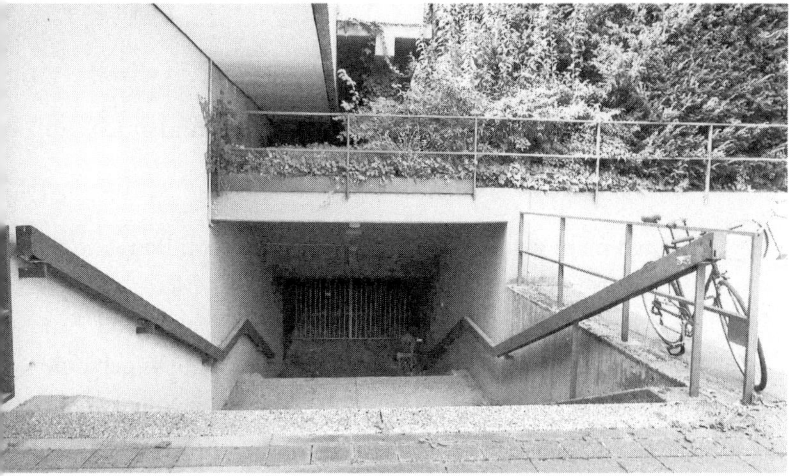

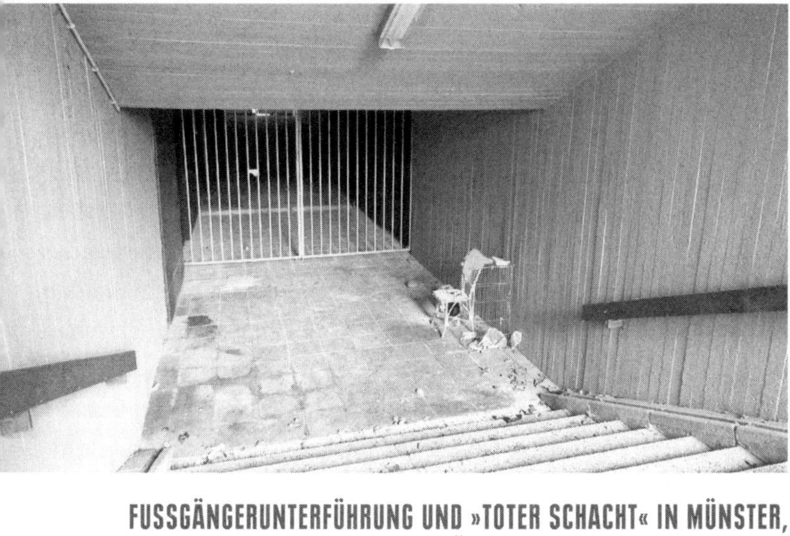

FUSSGÄNGERUNTERFÜHRUNG UND »TOTER SCHACHT« IN MÜNSTER, DER BEUYS ALS VORLAGE FÜR »UNSCHLITT/TALLOW« DIENTE.

unwohl, als ob gleich jemand kommen und mich zur Rede stellen könnte.

Doch nicht genug damit. Das eigentlich von Beuys anvisierte »Dreckloch« war ein mehrere Meter langer Schacht über diesem Eingang, ein ebenfalls toter Ort unter der Rampe, über den man einst in die Unigebäude gelangen konnte. Dieser Hohlraum schien nicht mehr begehbar. Er lag einige Meter über uns, sein Eingang war mit Büschen zugewachsen, aber ich glaubte Plastiktüten und Abfall dahinter zu erkennen. Als ich mit der Kamera hineinzoomte, war mir, als sähe ich ein Gesicht im Dunkel, das mich anstarrte. Aber ich war mir nicht sicher. Erst als ich die Treppen daneben hochstieg, merkte ich, dass dieser Raum doch einen Zugang hatte, der hinter Gebüschen verborgen war. Neugierig geworden, bahnte ich mir den Weg und erblickte im Inneren des Schachts tatsächlich einen auf Müllbergen schlafenden Obdachlosen. Er war von Tüten, Schlafsäcken, Flaschen und Speiseresten umgeben, und man ahnte, dass hier ein Aufenthaltsraum für mehrere Personen war. Dunkel war es, und es stank, zumal draußen hohe Sommertemperaturen herrschten, die die Ausdünstung der Essensreste noch verstärkten.

Eine groteske Szene, da ich immer noch das Plaudern und Lachen der Studenten hörte, die keine 40 Meter davon entfernt herumstanden. Wussten sie von diesem Ort in ihrer unmittelbaren Nähe oder hatten sie ihn längst verdrängt? Hier prallten Wohlstand und Elend, vitales Treiben und Agonie, Fröhlichkeit und stummes Vegetieren brutal aufeinander, und ich fragte mich, ob das zu Beuys' Zeiten auch schon so gewesen war.

Der Ort symbolisierte für mich die dramatische Zunahme von sozialen Spannungen in den letzten Jahren auf unserem Kontinent – umso mehr, als der Schlafende in seinem Inneren Züge eines osteuropäischen Migranten trug.

Aber gerade dadurch kam Beuys' Werk »Unschlitt/Tallow« unmittelbar in der Gegenwart an. Es rückte mir mit einer physisch spürbaren Intensität auf den Leib, wie ich sie nicht für möglich gehalten hatte. Beuys' ursprüngliches Vorhaben, den Schacht mit Bienenwachs auszugießen, offenbarte mir wie nichts zuvor die Aura seines Wortes »Wärmeskulptur«. Was für eine bewegende Idee, aus dem Vakuum des kalten Unortes eine gelb-warme Negativfolie zu machen und sie öffentlich auszustellen.

Jetzt sah ich auch die mir vom Landesmuseum Münster zur Verfügung gestellten 300 Fotos zum Entstehungsprozess von »Unschlitt« mit anderen Augen. Beuys rührt hier in riesigen Kesseln das flüssige Talg-Stearin-Gemisch um, das dann den großen Block bildete, den er in Teile zerschnitt. Beim Betrachten der Fotos spürt man die Hitze in der großen Halle, nimmt den Geruch wahr und fühlt die physische Anstrengung der Arbeit. Dies ist wirklich ein monumentales Werk von

Beuys – und es hat ja auch dem New Yorker Guggenheim-Museum viel Kopfzerbrechen bereitet, die tonnenschwere Last sicher auszustellen. Aber in seiner Monumentalität wirkt es auf mich anders als sonstige Riesenformate moderner Kunst, erst recht, seit ich seine Entstehungsgeschichte kenne.

Wenn ich »Unschlitt« jetzt im Museum »Hamburger Bahnhof« bestaune, strömt ein mächtiger Heil- und Wärmeimpuls daraus hervor, und das Wissen, dass diese Plastik monatelang zum Abkühlen brauchte, bringt viele Emotionen in mir zum Schwingen. Auf einem der Fettblöcke liegt ein kleiner Kasten zur Messung der Temperatur im Inneren der Skulptur.

Als ich dort an einem publikumsfreien Montag drehen durfte, stieg der Wert ganz allmählich von 23 auf 26 Grad, bis er dort – fünf Grad über der Raumtemperatur – stehen blieb. Es war faszinierend zu sehen, wie die Zahlen anfangs zwischen 23 und 24 hin- und herpendelten, um sich dann immer mehr zum Endwert hin zu stabilisieren. Der Talg – »Unschlitt« ist ein alter Name dafür – wirkte wie ein lebendiger Organismus, der ein eigenes Innenleben führt. Die Blöcke erschienen mir nicht mehr, wie beim ersten Mal, als Eisberge, sondern als stumme Helfer, die Kaltes in Warmes, Totes in Lebendiges zu verwandeln suchen. Dass sie so starr dalagen, machte ihren Anblick noch ergreifender. Sie wirkten wie

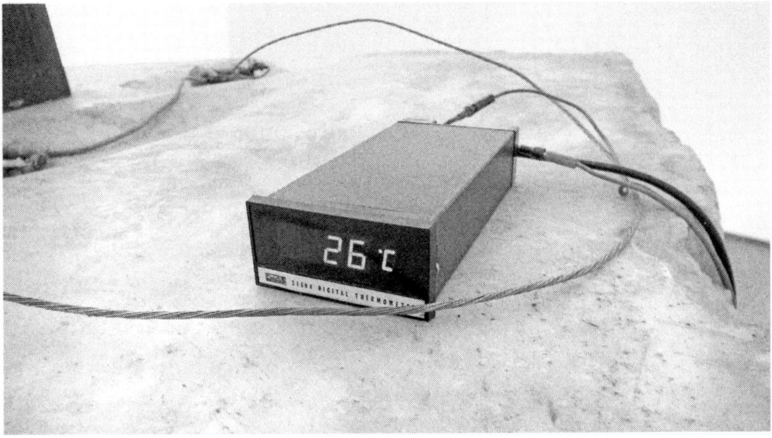
26°C

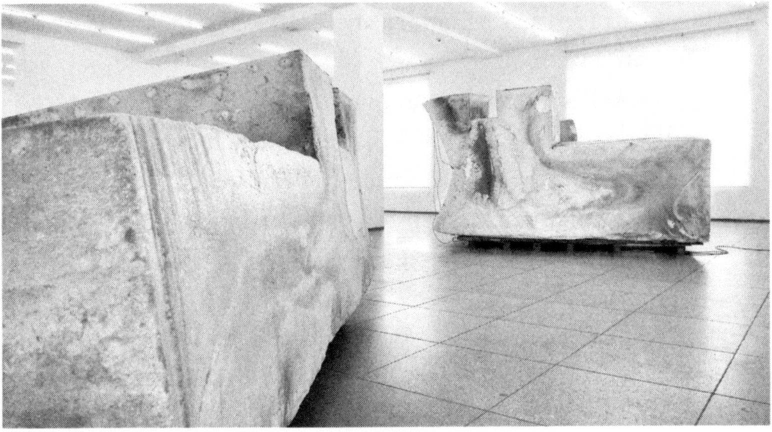

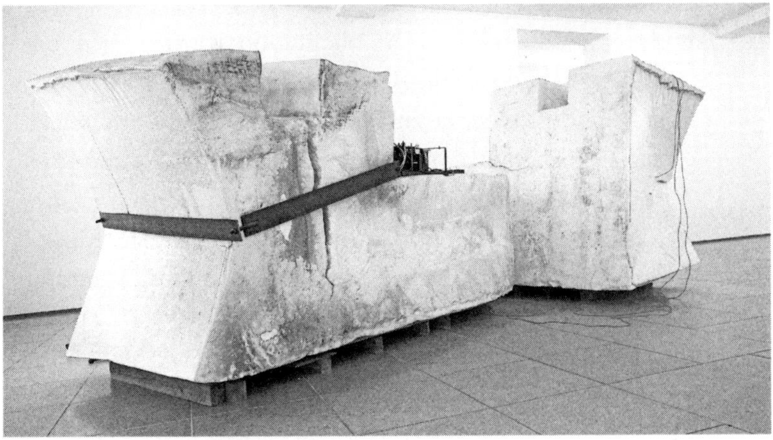

sprachlose Zeichen, Botschafter ohne Zunge, selbst behindert und bewegungslos und doch wie beseelt von dem Wunsch nach Versöhnung. Wenn wir das tote Vakuum auch nicht ungeschehen machen können, so schien ihre Botschaft zu sein, so wollen wir ihm doch einen Hauch von Leben verleihen. Bewegen können wir uns nicht, aber etwas leuchten und Wärme speichern. Vielleicht kann der Betrachter uns in seiner Fantasie wieder zum Schmelzen bringen und die Wärmeströme forttragen an die Ränder unserer Gesellschaft, wo sie benötigt werden.

Während ich drehte, änderte sich das Licht im Raum. Die Sonne blitzte durch Spalte zwischen den Vorhängen hindurch und warf schmale Lichtmuster auf die Talgblöcke, auf denen sie sich hin- und herbewegten. Dadurch intensivierte sich deren Farbe, zuweilen bis hin zu einem leuchtenden, warmen Gelbton. Plötzlich war aus dem sonst eher in fahlem Licht daliegenden massigen Werk eine Skulptur geworden, die mit beweglichen Wärme- und Lichtimpulsen spielte. Eine Vielzahl neuer Assoziationen ergab sich daraus, sodass die Dreharbeiten auch zu einer mehrstündigen Meditation wurden. Wie bei anderen Werken von Beuys drängt sich auch bei »Unschlitt« der Gedanke an Transzendenz nicht unmittelbar auf. Er klingt eher vorsichtig und subtil an, als könne es sonst in Kitsch abgleiten oder das, was Adorno »Affirmation« genannt hat. Darin gleicht Beuys den Künstlern, die Adorno für ihre metaphysische Zurückhaltung besonders geschätzt hat, etwa Samuel Beckett oder Paul Celan. Transzendenz wird nicht ausposaunt, sondern versteckt ihre Intimität gerade hinter dem scheinbar Spröden und gar Abweisenden.

Als eine andere »Wärmezeitmaschine« – eine schöne Metapher des Künstlers – empfinde ich Beuys' Aktion »Celtic«, vor allem die Fassung von 1971 in Basel. Wieder ist er in eine Art »Unterwelt« eingetaucht, diesmal in einen großen, leeren Lagerraum beim Stadion St. Jakob, der für den Zivilschutz vorgesehen war. Wenn man damals an Krieg dachte, schwang immer auch die Gefahr der atomaren Bedrohung mit. Beuys hatte ein Sensorium für solche kollektiven Befindlichkeiten und akzeptierte vielleicht auch deshalb den vom Basler Theater vorgeschlagenen Raum. In dem Super-8-Film von Bernd Klüser über diese Aktion wirkt der Ort kalt, dunkel und riesig. Während der Karwoche zelebriert Beuys in dem Raum eine »Messe«, in der christliche und keltische Elemente verbunden werden. Es beginnt mit einer Fußwaschung, die Beuys – man kann es in den Aufnahmen sehen – hingebungsvoll praktiziert. Er nimmt sich Zeit. Sorgfältig wäscht er verschiedenen Besuchern nacheinander beide Füße und geht immer wieder zu einer Ecke der Halle, wo er das verbrauchte Wasser ausschüttet. Überhaupt scheint die Dehnung der Zeit hier ein Generalthema zu sein. Alles geschieht langsam, bedächtig und mit langem Atem. Auch das Herunternehmen von

Gelatinestücken von den Wänden, die Beuys in einer großen Schale sammelt. Zum Schluss der Aktion hält er eine Dreiviertelstunde lang einen Speer vor versammeltem Publikum, was ihm Tränen der Anstrengung ins Gesicht treibt.

»Ich nehme mir für diese Aktionen so viel Zeit, daß es aussieht, als hätte ich unbeschränkt viel Zeit, unendlich viel Zeit«, hat sich Beuys darüber einmal geäußert:

> »Sonst stellt man einfach fest, wie es ist, und sagt: Ja, so ist es eben und das läßt sich nicht durchbrechen – der Teufelskreis läßt sich nicht mehr durchbrechen! Aber das ist natürlich nur eine Nebenwirkung dieser langen Zeiträume, die ich für wichtig halte, wo der Zuschauer eingestellt ist auf eben so ein Mittelding, was man ja im Allgemeinen so findet, geradeso wie lange er es auf dem Stuhl aushält oder solang wie eben irgendeine konventionelle Zeiteinheit (...) Diese extremen Zeitmaße interessieren mich.«[76]

Wie provozierend das immer noch wirkt, erlebte ich im Juni 2014 während einer Beuys-Vorlesung von Eugen Blume am Theologischen Seminar der Berliner Humboldt-Universität. Blume zeigte einen etwa halbstündigen Film von »Celtic«, und ich saß mitten unter jungen Studenten, zum Teil der Theologie, deren Reaktionen ich gut beobachten konnte. Mehrere wurden nach kurzer Zeit unruhig, eine Studentin flüsterte ihrer Kommilitonin ins Ohr: »Damit kann ich gar nichts anfangen«, und rutschte auf ihrem Stuhl hin und her. Bis kurz vor

Beginn der Vorlesung hatten noch alle auf ihren Smartphones und Tablets herumgetippt, SMS ausgetauscht, im Netz herumgesurft – und nun wollten sie vom Professor nicht allzu komplizierte Informationen zu Beuys haben. Stattdessen mussten sie sich auf langatmige und seltsame Aktionen einlassen mit schräger Musik von Beuys' Komponist Henning Christiansen im Hintergrund.

Ganz abgesehen von den christlich-keltischen Elementen dieser Aktion, empfand ich bereits deren Zeitmaße als spirituell. Ich wurde zum Anhalten gezwungen. Gerade war ich noch S-Bahn gefahren und am Hackeschen Markt ausgestiegen, wo es von Menschen wimmelte. Sie lagerten auf den Wiesen an der Spree, aßen Eis, flirteten und genossen die Sommersonne. Im Seminarraum aber wurden die Scheiben verdunkelt, und wir befanden uns plötzlich in einem dunklen, bunkerähnlichen Raum der 1970er-Jahre.

Eugen Blume sagte kaum etwas zu dem Film, und so waren wir gezwungen, uns ganz auf ihn einzulassen. Ich dachte, die Vorlesung handelt von Beuys und dem Christentum, hier sitzen Theologiestudenten, die müssen doch Geduld haben. Aber auch ich musste mich konzentrieren und mein herkömmliches Zeitempfinden nach und nach abstreifen. Beuys sagt, dass unser gewöhnliches Zeitgefühl zu vorschnellen Kategorisierungen führt, die nicht ins Innere der Sache dringen können. Man sortiert schnell etwas ein: »Ja, so ist es eben.«

Beuys wäscht Füße, sammelt Gelatinestücke ein und steht reglos mit einem Speer da. Was soll daran Besonderes sein? Und wie geht es nun weiter?

Wir sind alle auf rasante Zeitmaße dressiert, durch schnelle Schnitte und die Informationsflut in Fernsehen, Werbung und Internet. Durch die Reduzierung von Sprache zu immer knapperen Formeln, die wir im Minutentakt per Twitter herausgeben. Durch die zunehmende Geschwindigkeit unserer Arbeitsabläufe, das Klima in unserer Gesellschaft, das den Fitten, Schnellen, Dynamischen belohnt und den Träumer eher verachtet. Wir wollen keine Zeit verlieren, leben ja nur einmal, und wenn wir Zeit verlieren, überholt uns unser Konkurrent von nebenan. Entertainer, Moderatoren, Comedians erziehen uns zu permanenter Schlagfertigkeit. Wer da nicht mitkommt, sieht im buchstäblichen Sinne alt aus und gilt als nicht so helle. Schüler müssen ein Jahr schneller zum Abitur hetzen, Studenten in genau abgepackten Zeitblöcken ihren Bachelor und Master machen, da bleibt kaum Zeit zum Debattieren, gar Grübeln. Am besten, man füllt gleich Multiple-Choice-Fragebögen aus.

Beuys verhält sich anders. Er nimmt sich alle Zeit der Welt, ja, man hat fast den Eindruck, dass er seine Aktion bewusst verlangsamt, wenn die Zuschauer nervös werden – wie Gustav Mahler, der einmal sagte, wenn ein Adagio nicht klinge, müsse man es noch wesentlich langsamer spielen. Beim geduldigen Anschauen der Filmaufnahmen von »Celtic« kann man bei sich selbst Erstaunliches beobachten. Das Verlangsamen des Zeitgefühls führt auch zu einer größeren Sensibilisierung gegenüber den Wärme- und Heilungsimpulsen darin. Indem man den Einzelheiten mehr Bedeutung verleiht, sieht und fühlt man mehr. Man spürt sich selbst intensiver. Beuys agiert wie ein Priester oder Schamane, der uns über ein Ritual in eine andere Zeitdimension führt. Endlos dauert das Abpflücken der Gelatinestücke von der Bunkerwand, für das Beuys manchmal auch eine Leiter braucht. Die Scheinwerfer zaubern ein Funkeln auf ihnen hervor und lassen sie wie Sterne aussehen. Die Leute sehen jetzt erst, wie viele von ihnen an den Wänden kleben, und ahnen, wie lange das Abpflücken dauern mag. Sie wissen, dass Beuys nicht ruhen wird, ehe er nicht auch noch das letzte Stück eingesammelt hat. Johannes Stüttgen hat diese Empfindungen bei der Edinburgher Variante von »Celtic« genau beschrieben:

> »Je länger man es aber aushielt dabeizubleiben, desto aufregender wurde schon das bloße Zuschauen der Tätigkeit von Beuys. Dieses Aufregende bekam man überhaupt erst mit der Zeit mit, man konnte das vorher gar nicht wissen. Allein die Fingerbewegungen von Beuys beim Abklauben dieser durchsichtigen, wabbeligen, klebrigen Stückchen! Die kleineren pickte er vogelartig mit Zeigefinger, Mittelfinger und Daumen ab, für die größeren nahm er die ganze Hand, d.h. alle fünf Finger, wobei die Bewegung des Zugreifens immer ganz

schnell, direkt und pfeilartig erfolgte. In einigen seltenen Fällen schoss die Hand nach dem Zugriff auf ein Teilchen gleich noch auf ein nächstes zweites und beförderte dann beide mit einem Schwung in die Schale.«

Stüttgen beschreibt Beuys' Koordination von Kopf und Hand beim Abpflücken als »harmonisch« und »schön«: »Seine Unerschütterlichkeit nahm Schritt für Schritt, jeden Meter seines Vorankommens zu. Es war, als sei er auf diesem Weg abgeschirmt – wohl allein schon durch seine Hingabe und Treue zum Werk.«[77]

Als das letzte Teilchen abgenommen ist, hebt Beuys die Schale über den Kopf und dreht sie blitzschnell um, sodass alle »Sterne« herausfallen. War dies die heilige Gralsschale und verkörperte sie den Stein aus der Krone des »Lichtbringers« Luzifer, wie es im »Parzival« von Wolfram von Eschenbach heißt? Beuys als Artusritter, der mühsame Wege beschreiten muss, um die Weisheit des Grals verstehen zu lernen? Der Name der Aktion deutet auf solche Anspielungen aus der keltischen Mythologie hin. Beuys liebte diese Geschichten und die damit verbundenen Länder, die er häufig bereiste. In Schottland, so schrieb er, habe er gleich nach der Ankunft seine »Antennen« herausgestellt und »Empfang« gehabt. Die Aura von Artus' Tafelrunde und dem Heiligen Gral, die er dort spürte, habe schon lange in ihm gelebt.[78]

Während der Aktion »Celtic« wurden auch mehrere Filme an die Wand geworfen, darunter einer, der im Rannoch-Moor im Nordwesten von Schottland gedreht wurde. Ein Stück Weite und Wildnis zieht in den Bunker ein: »Ultima Thule«, so bezeichneten die Römer diese entlegenen Regionen, vor denen sie sich fürchteten und die sie niemals besiedelten. Beuys scheint sich gerade in solchen Landschaften wie zu Hause zu fühlen. Er zeichnet so etwas wie eine Schale auf eine Tafel, die aber auch als Mondsichel gedeutet werden könnte. Dieses Bild erinnert an einen Vortrag von Rudolf Steiner aus dem Zyklus *Christus und die geistige Welt,* den Beuys kannte. Steiner bezeichnet darin die Anthroposophie als ein »erneutes Suchen nach dem Gral« und fügt hinzu, dass dieser in der Sternenschrift gesucht werden müsse. Er berichtet davon, wie er eines Nachts die dunkle Mondscheibe inmitten der goldglänzenden Mondsichel wahrgenommen habe. Während der glänzende Teil für ihn die sichtbare Sonne verkörpert, glaubt er in dem dunklen Teil deren »geistige Kraft« zu erfahren.[79] Die geistige Sonnenkraft ist für Steiner das Wesen Christus', das durch die Gralsritter den Menschen noch einmal auf eine andere Art als durch die Amtskirche nahegebracht worden sei. Parzival verkörpere das moderne, auf sich selbst gestellte Ich, das ohne Dogmen und Autoritäten sein »höheres Selbst« zu finden trachte. Dafür stehe das Symbol des Heiligen Grals. Anders als im Heidentum spiele jetzt das von Blutsbanden losgelöste Ich eine entscheidende Rolle: die innere Sonnenkraft des Menschen, der Christus in mir. Dieses spirituelle Substrat sei nur geistig wahrnehmbar und habe mit dem physischen Strahlen der Sonne erst einmal nichts zu tun. Im kaum sichtbaren Mond hinter der glänzenden Sichel sieht Steiner daher ein Symbol für das Unsichtbare, aber Wirkende der geistigen Christus-Sonne.

Ob Beuys solche Gedanken im Hinterkopf hatte, als er die zwischen Schale und Mondsichel changierende Figur zeichnete, wissen wir nicht. Belesen, wie er war, hat er solche Bilder von Steiner mit Sicherheit auf sich wirken lassen. Er erkannte eigene Ideen darin wieder und kam auf originelle Wege, um künstlerisch mit dem Gralsthema umzugehen. Das Schöne an Beuys' ästhetischer Mythologie ist ja, dass sie Urbilder jenseits von Bildungserlebnissen schafft, die aber dennoch für den Kenner mit bestimmten spirituellen Traditionen zusammengedacht werden können.

So findet sich eine Anspielung auf »Parzival« auch am Ende der Aktion. Beuys steht, wie bereits erwähnt, eine Dreiviertelstunde lang inmitten der Zuschauer mit einem Speer, von dessen Spitze ein roter Faden herabhängt: Spuren herunterfließenden Blutes. In Wagners Oper heilt Parsifal am Ende die Wunde des kranken Königs Amfortas mit eben jenem Speer, der sie einst geschlagen hatte.

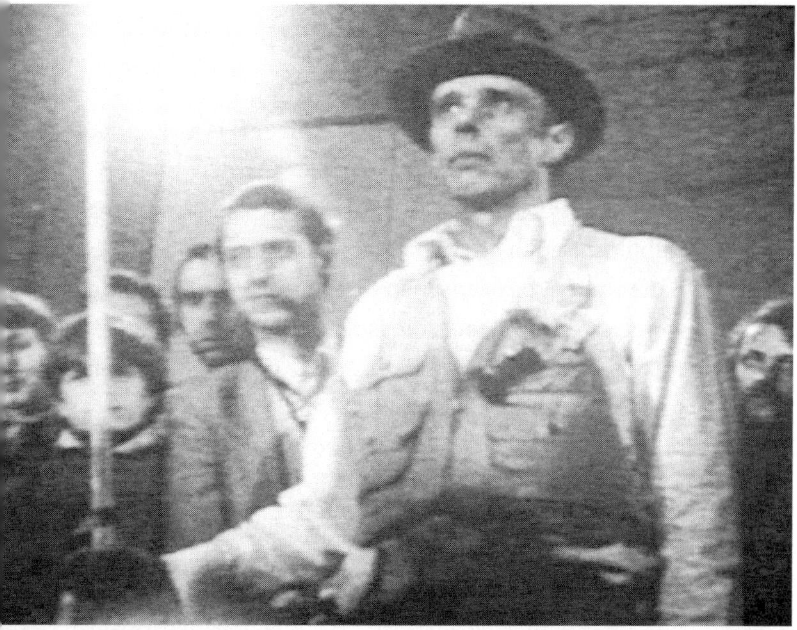

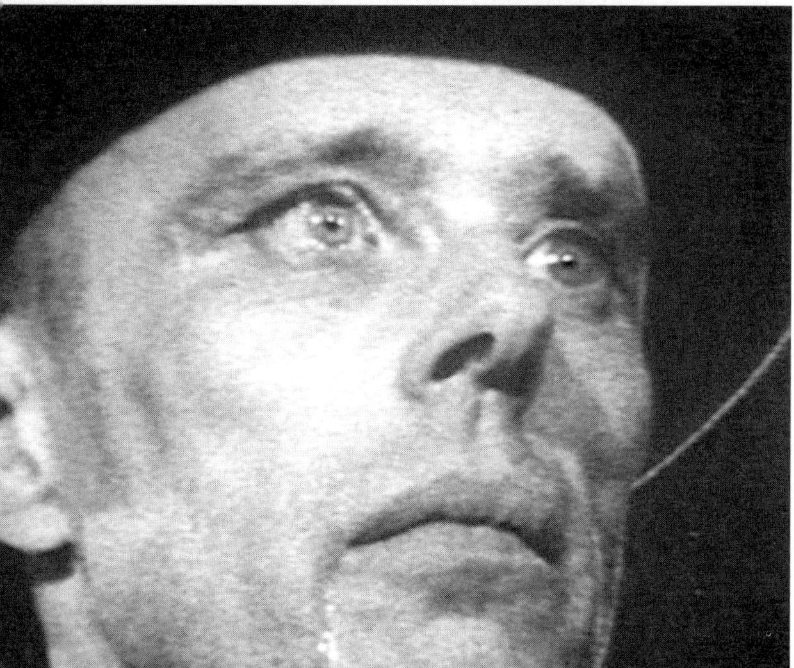

Beuys wirkt hier wieder wie ein Heiler, Wächter, Hüter, ein Mann auf einsamem Posten, auf den es jetzt ankommt. In diesen Momenten könnte die Stimmung im Publikum auch in Wut oder Häme umschlagen. Ganz nahe stehen die Menschen bei Beuys und starren ihn an. Keiner weiß, was als Nächstes passiert, aber es passiert nichts. Nur das, was in unseren Köpfen vor sich geht, und das ist spannend genug.

Ich schaue gebannt auf Beuys' asketisches Gesicht mit den ausgeprägten Wangenknochen, auf seine großen, fast aufgerissenen Augen und denke an Schmerzen, die er bislang in seinem Leben aushalten musste. An den Absturz auf der Krim, seine Krise in den 1950er-Jahren, seine Objekte mit Pflastern und Mullbinden, an Werktitel wie »Schamane«, »Schrecken«, »Selbstmord«, »Krieger«, »Death Man«, »Initiation«. Rainer Rappmann, der jahrelang in Achberg mit Beuys zusammenarbeitete, erzählte mir, dass dieser gut mit Schmerzen umgehen konnte. Vor allem in den letzten Wochen seines Lebens, als er wegen zu großer Beschwerden nur noch im Stehen schlafen konnte. Daran muss ich jetzt denken, an sein Durchhaltevermögen, seine physische Präsenz, seine Engelsgeduld auch im Gespräch mit – nicht immer wohlgesonnenen – Menschen. Der Speer verkörpert nicht nur eine Waffe, sondern auch das Moment der Aufrichtung. Will man emporgehoben werden, ob geistig oder bei einer körperlichen Genesung, muss man Geduld mitbringen. Nichts geht schnell. Alles muss reifen und seine Zeit bekommen. Dann können sich Kräfte selbst ordnen, sammeln, ausrichten, optimieren zu unserem Wohle.

»Celtic« als »Wärmezeitmaschine« lehrt mich unter anderem, dass auch Zeitrhythmen ihren Kälte- und Wärmecharakter haben. Überschnell ablaufende Zeit mag sich heiß anfühlen, aber sie ist nicht warm, eher eine seltsame Mischung aus kalt und heiß. Gedehnte, vertiefte Zeit dagegen kann innere Wärme erzeugen, weil sie mit uns zu tun hat. Sie steht im Einklang mit seelischen Bedürfnissen, überfordert uns nicht, sondern nimmt uns in unserem Sosein ernst.

Was geschah in »Celtic«? In einer langen, erfüllten Zeitspanne erlebten wir, wie jemand vor uns niederkniete und uns hingebungsvoll die Füße wusch. Dann sammelte er unsere im Raum verstreuten »göttlichen Funken« ein, die wir immer wieder aus dem Blick verlieren, und hielt am Schluss Wacht, damit auch wir sie achten und bewahren.

CELTIC SPIRIT

Joseph Beuys war sein ganzes Leben lang fasziniert von den Resten keltischer Kultur, wie sie sich heute noch etwa auf den Britischen Inseln finden. Bereits in seinem Frühwerk spielte er mit Motiven wie Sonnenkreuz und Druidentum oder Hirsch und Eiche, die für die Kelten heilig waren. Später unternahm er zahlreiche Reisen nach Irland und Schottland und studierte dort Landschaften, Mythen und heilige Orte. Nach Besuchen in den schottischen Highlands inszenierte Beuys 1971 zwei mehrstündige Aktionen mit den Titeln »Kinloch Rannoch« und »Celtic« – Letztere wurde schon besprochen –, in denen Elemente aus heidnischem und christlichem Keltentum auftauchen. Auch seine Sammlung von Zeichnungen mit dem Titel »The Secret Block for a Secret Person in Ireland« spielt auf seine Begeisterung für diesen Kulturraum an, und noch seine letzte große Aktion »7000 Eichen« steht im Zusammenhang mit dem heiligen Baumkult der Druiden. Irland war für Beuys ein Land an der Peripherie Europas, ein Zufluchtsort, in dem ihm das Leben nicht so clean und standardisiert erschien wie im Wirtschaftswunderland Deutschland. Nach seiner Entlassung aus der Kunstakademie Düsseldorf erhielt er sogar das Angebot, in Dublin Direktor des »National College of Art and Design« zu werden und ganz nach Dublin zu ziehen. Wegen seiner negativen Erfahrungen mit Institutionen lehnte Beuys den Vorschlag jedoch ab.

Beuys sah die Faszination für diese Kultur im Kontext seiner Herkunft aus dem niederrheinischen Kleve, das er als »keltische Enklave« bezeichnete. Was er in seiner Kindheit dort mitbekommen hat, ist schwer zu ermitteln. Aber es gibt Spuren des Keltischen in Kleve und Umgebung, die möglicherweise bereits auf den Heranwachsenden gewirkt haben. Im Vorort Rindern existiert heute noch eine Kirche, die – neben etlichen anderen in der Gegend – von dem angelsächsischen Missionar Willibrord gegründet worden war, der seine Ausbildung in einem irischen Kloster erhalten hatte. In dieser Kirche steht ein Kultstein, der sowohl dem römischen Kriegsgott Mars als auch dem keltischen Gott Camulus gewidmet war. Während Beuys' Kindheit befand sich der Stein im Hof der Schwanenburg zu Kleve, wo er ihn möglicherweise gesehen hat. Entfernt weisen auch diese Burg und der mit ihr verbundene Schwanenkult auf die keltischen Gralssagen hin.

Ich konnte Beuys' Faszination für die keltischen Länder, heiligen Orte und Mythen immer gut verstehen, weil ich Ähnliches dort empfunden habe. Viele Male war ich in Schottland und Irland, vielleicht auch auf der Suche nach spirituellen Impulsen, die ich in Deutschland nicht finden konnte. Und auch ich habe – wie Beuys – von Rudolf Steiner weiterführende Impulse zum Keltentum bekommen. Beuys besaß an die 100 Bände von Steiner, darunter auch den Vortragszyklus über die »Mysterien von Hybernia«, eines seiner rätselhaftesten Werke, in denen bestimmte Meditationsformen umschrieben werden. Der Botaniker Volker Harlan erzählte mir, dass bereits in den 1950er-Jahren anthroposophische Vortragsreisende Steiners Gedanken zu Keltentum und iroschottischem Christentum verbreitet hätten. Beuys ist einem von ihnen sogar nachgereist und mag durch ihn Inspirationen bekommen haben, die sich in frühen Darstellungen des Sonnenkreuzes oder druidischer Heiligtümer niedergeschlagen haben.

Rudolf Steiner hegte von Anfang an eine große Bewunderung für die keltische Kultur, die er als »rührig, energisch, geistig angeregt, zu revolutionären Impulsen geneigt« bezeichnete. Großartige Dichtungen habe sie hervorgebracht und Anregungen für mittelalterliche Stoffe wie Roland, Tristan und Parzival gegeben.[80]

Laut Steiner hatten die Kelten die Aufgabe, »das noch junge Ich der europäischen Bevölkerung heranzuziehen«.[81] Damit meinte er vor allem die iroschottische

Kirche, die seiner Meinung nach eine gegenüber Rom ganz spezifische Form des Christentums ausgeprägt hätte. Einen solchen Gedanken nimmt Beuys auf, wenn er sagt, dass das Christentum in seiner höchsten spirituellen Form nur von den Kelten und Germanen, nicht aber von der »formalisierten« römischen Amtskirche aufgenommen worden sei.[82]

Während einer seiner Irlandreisen besuchte Beuys die Ruinen des bekannten Klosters Monasterboice, das von ca. 500 bis 1100 n. Chr. ein Zentrum iroschottischer Missionierung war. An dessen eindrucksvollen, mit einer Kreisform versehenen Hochkreuzen muss er eine Formensprache wiedererkannt haben, die bereits in seinen eigenen frühen Arbeiten auftaucht. Etwa in der Skulptur »Kreuz mit Sonne« (Seite 153) von 1949, in der Beuys den »Gekreuzigten« mit der hell über ihm aufflammenden und rotierenden Sonnenscheibe verbindet. Das Ganze bekommt dadurch etwas Tänzerisch-Schwingendes, was es eher zu einer Metapher für Vitalität und Regeneration als zu einem primären Leidenssymbol macht. In der Tat wirkt Christus auf den irischen Hochkreuzen nicht unbedingt als Leidensmann mit einem »Haupt voll Blut und Wunden«. Oft scheint er eher zu schweben, als an Nägeln zu hängen. Zudem sind viele Kreuze mit einer Flechtornamentik versehen, die den »Gekreuzigten« in Wachstums- und Strömungsprozesse der Natur einbettet, welche bereits die Druiden als heilig erachteten.

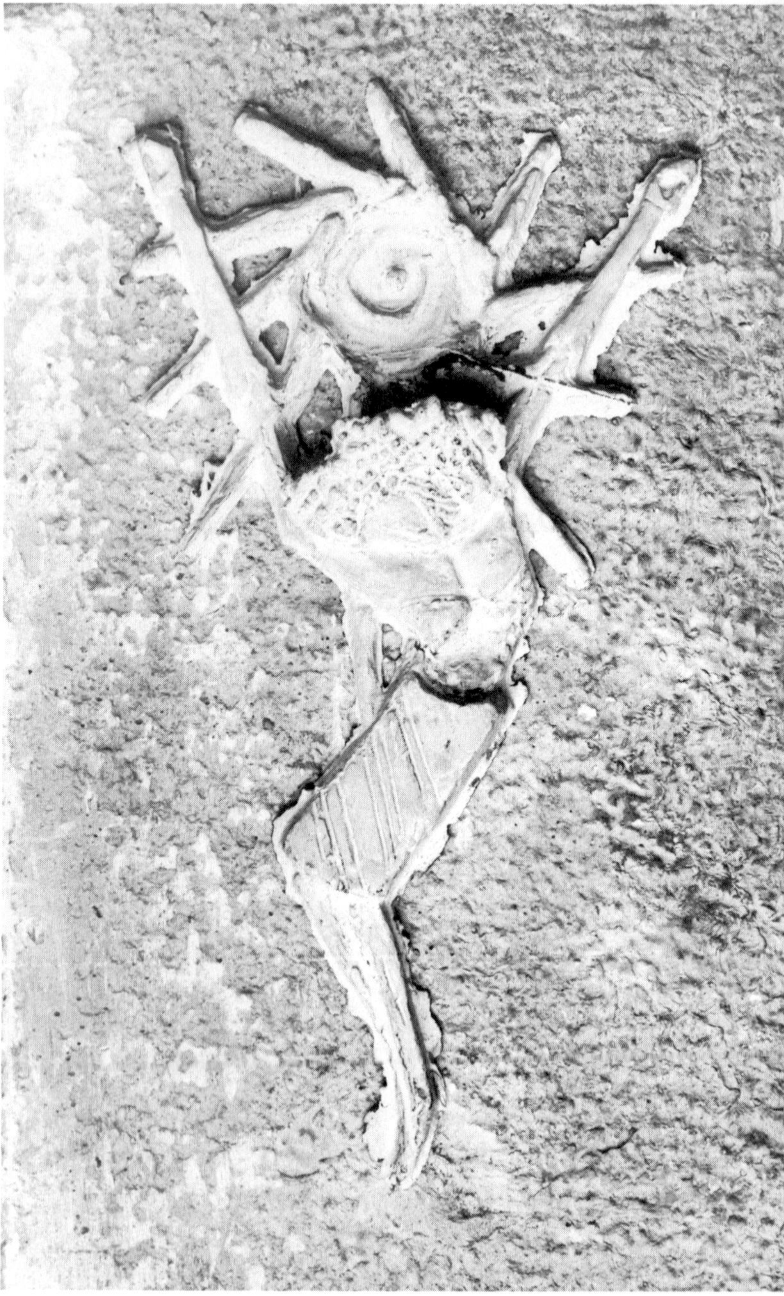

KREUZ MIT SONNE, 1949

Wenn Beuys von Irland als dem »heart of Europe« sprach, so meinte er damit wohl das von ihm bewunderte Missionierungswerk iroschottischer Mönche, das die damaligen Völker Nord- und Mitteleuropas ohne Gewalt christianisiert habe. Steiner und Beuys sehen, ähnlich wie auch die anthroposophischen Autoren Jakob Streit und Markus Osterrieder, in diesem keltischen Christentum eine weniger dogmatische und naturnähere Ausprägung als bei der römischen Amtskirche, die aber in der Geschichte von der Orthodoxie immer mehr verdrängt worden sei.[83]

Ich habe mich mit diesem Thema beschäftigt, seit ich auf einem irischen Friedhof am Meer Kreuze sah, auf denen springende Delfine eingraviert waren. In meinem Buch *Totenschiff und Sternenschloss*[84] wird das ausführlich beschrieben. Dies war der erste Impuls, einem anderen Christentum nachzuspüren, von dem ich im katholischen Köln nichts geahnt hatte. Und es war der Grund für meine Begeisterung, als ich ähnliche Motive bei Beuys vorfand. Doch bei meinen Recherchen zum »keltischen Christentum« stieß ich auch auf kritische Literatur, die mir meine Visionen zunächst zu zerstören schien.

So gibt es Historiker und Theologen, die diese Vorstellung vom keltischen Christentum für eine romantisch-esoterische Fantasie halten, welche echte Quellenkenntnis durch Wunschdenken ersetze. Donald E. Meek etwa von der Universität Aberdeen wirft vor allem anthroposophischen Verlagen vor, mit ihrem Kult um das keltische Christentum nur Sehnsüchte nach einer guten alten Zeit zu aktivieren. Sie würden aus den mittelalterlichen Texten ökologische, spirituelle und emanzipatorische Bestrebungen herauslesen, die es so niemals gegeben habe.[85] Weder sei die irische Kirche nur sanft aus dem Druidentum des frühen Mittelaltes hervorgegangen, noch habe sie eine durchgängig romfeindliche Haltung vertreten. Meek vermisst hier echte Fachkenntnis und sieht vor allem in Rudolf Steiners kühnen Verbindungen von Atlantis, Druidentum und keltischem Christentum nicht überprüfbare Fantasien. Steiner glaubte in Prophezeiungen der keltischen Druiden letzte Spuren von Hellsichtigkeit zu finden, die von ehemaligen »Eingeweihten« von Atlantis vor Urzeiten nach Irland getragen worden seien. Ob Beuys diese Ansicht teilte, ist schwer zu überprüfen. Viele dieser Elemente kommen in seinem Werk vor, aber eher als poetische Werktitel denn als diskursive Gedankenreihe.

So berechtigt die Kritik an manchen Überhöhungen eines »keltischen Christentums« ist, so wenig sind doch gewisse Besonderheiten dieser Strömung von der Hand zu weisen, die heute – nach negativen Erfahrungen mit der Amtskirche – wieder viele Menschen ansprechen. Akademische Autorinnen und Autoren wie etwa Mary Low haben auf die Naturnähe der Mönche in der keltischen Kirche hingewiesen und dies in sorgfältigen Studien belegt.[86] Noch heute bezeugen Hunderte von heiligen Quellen in Irland, wie sich ehemalige Wasserkulte mit christlicher Symbolik verbinden konnten. Aus der von den »Heiden« verehrten regenerativen Kraft des flüssigen Elements wurde das seelisch und physisch stärkende »Gnadenwasser« von Heiligen wie St. Brigid, St. Finian oder St. Kilian.

Dasselbe gilt für die Heiligkeit von Bäumen und Bergen, die sowohl in der vorchristlichen Mythologie als auch in der keltischen Kirche von großer Bedeutung waren. Der Theologe Thomas O'Loughlin hat herausgearbeitet, dass die keltische Bußpraxis weniger rigide und der Beichtvater in dieser Tradition eher eine Art verstehender Therapeut, ein »Anam Cara« (Seelenfreund), als ein strafender Richter war.[87] Für O'Loughlin ist dies auch ein Erbe der alten irischen Rechtspraxis, die auf Wiedergutmachung durch eine angemessene Zahlung statt auf Bestrafung setzte. Unter anderem deshalb habe sich das keltische Christentum im damals noch heidnischen Irland so gut ausbreiten können.

Auch der Umgang mit Frauen scheint in der keltischen Kirche weniger ausgrenzend gewesen zu sein, was eine Studie von Christina Harrington belegt.[88] Danach gab es z. B. in Whitby und Kildare Äbtisinnen, und auch Frauen und Ehepaare durften in den Klöstern leben. All dies kommt heute vielen Menschen entgegen, die die ausschließende Strenge kirchlicher Orthodoxie nicht mehr akzeptieren können. Und so ist auch das aktuelle Interesse am »keltischen Christentum« zu erklären.

Diese Literatur kann Beuys noch nicht gekannt haben. Doch er reagierte nicht als Wissenschaftler auf die Kraft keltischer Mythen und Symbole, sondern als Künstler – und aus diesem Blickwinkel müssen wir sein Werk betrachten. Wenn Thomas O'Loughlin sagt, dass viele Menschen heute wegen ernst zu nehmender Defiziterfahrungen mit der Amtskirche das keltische Christentum »wiedererfinden«, so kann man auch Beuys' kreative Leistung auf diesem Gebiet so deuten. Der ekstatische oder auch sensibel mitgehende Schwung seiner »keltischen Kreuze« will aus diesem Symbol etwas anderes machen als eine eckige Chiffre für Bestrafung, Körperfeindlichkeit oder dogmatische Alleingültigkeit. Christus, so Beuys in einem Gespräch mit Friedhelm Mennekes, sei heute »das Bewegungselement schlechthin. Der sich Bewegende.«[89]

Doch der Künstler ließ sich nicht nur vom keltischen Christentum inspirieren, sondern auch von dessen paganen Vorformen. So besuchte er in Irland den lange vor den ägyptischen Pyramiden errichteten Megalithtempel von Newgrange, der mit spiralförmigen Ornamenten geschmückt ist. Was diese für die vorkeltische Bevölkerung jener Zeit bedeuteten, ist unklar. Manche Archäologen vermuten in den Doppelspiralen eine Darstellung der Umkehrung des Sonnenlaufs bei der Wintersonnenwende, dem Zeitpunkt, ab dem sich die noch kurzen Sonnenbahnen wieder zu höheren und weiteren fortentwickeln. Die Baumeister von Newgrange errichteten über dem Eingangsstein mit der Doppelspirale einen schmalen Schacht, der die Sonnenstrahlen am 21. Dezember ins Innere des Grabhügels führt. Dort fallen sie am Tag der Wintersonnenwende wenige Minuten lang auf eine Wand und erleuchten auf magische Weise die Steinkammer. Schuf man damit eine Lichtbahn, auf der sich die Seelen der Verstorbenen mit der aufsteigenden Sonne aus ihrem Grab erheben konnten?

Beuys versucht, solche Symbole als Künstler zu verstehen, und setzt sie in weite assoziative Zusammenhänge. Er verwendet die Spirale von Newgrange in Wandtafelzeichnungen und weist darauf hin, wie oft diese Form in der Natur vorkommt, etwa als Hörschnecke, als Wirbel in Knochenformen und Flüssigkeiten. Beuys nennt sie eine grundlegende »dynamische Form«, ein »Pfortenzeichen«[90]: ein Tor zwischen sichtbarer und unsichtbarer Welt, zwischen den vergänglichen materiellen Formen und den dahinter verborgenen zeitlosen Energien, die nur symbolisch auszudrücken sind?

Beuys spricht von diesem Zeichen auch bei Vorträgen im vom Bürgerkrieg zerrissenen Irland. Vielleicht sieht er es als eine symbolische Geste, die Geronnenes wieder in Bewegung, Erkaltetes wieder in Wärmeprozesse überführen soll. Beuys spielt eher mit diesen Metaphern, als dass er einen Kult des Vergangenen betreibt. Er fordert uns auf, neue Metamorphosen im Denken zu vollziehen, statt in statisch-archaischen Zusammenhängen zu verharren. Daher ist er eher ein Transformator des Mythischen als dessen Verklärer. Das haben jene Kritiker nicht begriffen, die ihm Befangenheit in einer völkisch-atavistischen Ideologie vorwerfen. Der mythische Strom, so sagt Beuys in einem Gespräch mit Hans van der Grinten, solle leben als Teil des freien Menschen: »In das moderne, selbstbewußte Denken des freien Individuums müßte das Mythische gewandelt integriert werden, in das, was heute gesagt, getan, geschaffen wird.«[91]

Beuys nutzt die immer noch wirksame Energie alter Symbole, um unbewusste Tiefenschichten in uns in Bewegung zu bringen, die vom rein rationalen Denken oft verdrängt werden. Hierin ist er von James Joyce beeinflusst worden, den er verehrte und dessen wichtige Orte er auf seinen Irlandreisen besuchte. Die in Belfast lehrende deutsche Kunsthistorikerin Christa-Maria Lerm Hayes arbeitete heraus, dass Beuys gerade in Joyces spielerischem Umgang mit Mythen ein Vorbild sah, um mit Themen umzugehen, die im Nachkriegsdeutschland immer noch mit einem Schatten behaftet waren.[92]

Auch Humor kann dabei eine Rolle spielen, etwa wenn Beuys eine dicke Schicht irischer Butter zwischen zwei schwarze Torfbriketts presst und dieses Kunst-

Sandwich »Irish Energies« nennt. Die lichten Assoziationsmuster der Buttermarke »Kerry Gold« werden auf vieldeutige Art verknüpft mit den ökologisch regulierenden Kräften von Moorlandschaften und der Wärme ihrer zum Heizen verwendeten Torfsubstanzen. Beuys hat das menschenleere Rannoch-Moor in Schottland besucht und ein Gelatineherz darin versenkt. Er wusste wohl, dass die einheimische Bevölkerung seit Jahrhunderten Butterstücke als Opfergaben in das Moor legt.

Auch ich bin einmal mehrere Tage mit dem Zelt durch das Rannoch-Moor gewandert. Wenn ich nicht von Mückenschwärmen attackiert wurde, blickte ich auf eine endlose urzeitliche Landschaft, deren Gewässer zahlreiche Geheimnisse zu bergen schienen. In anderen Mooren fand man z. B. auch Leichen, von denen bis heute nicht bekannt ist, zu welchem Zweck sie sterben mussten. Möglicherweise waren es Opfer für Gottheiten, von denen wir heute nichts mehr wissen. Beuys war fasziniert von solchen Funden und besaß das Buch *The Bog People* von Peter Vilhelm Glob,[93] in dem viele Abbildungen solcher Moorleichen zu sehen sind, ebenso von Götterskulpturen, die man in die Moore versenkt hatte.

Eine dieser Moorleichen wurde »Grauballe-Mann« genannt und inspirierte Beuys zu einer seiner rätselhaftesten Plastiken. Sie besteht aus Messingspiralen, die Beuys um einen Palisanderkern drapierte und auf einem archaischen Gefährt mit zwei Reifen platzierte. Der Wagen könnte an Kultwagen der Vorzeit erinnern, wie sie auch in Mooren gefunden wurden, oder an eine Schaukelwiege, die den Toten dorthin geleitet, von wo er gekommen ist: in den Schoß der Erdmutter. Die eiförmigen Spiralen wirken zunächst wie das Skelett eines Menschen. Wenn einem vorchristliche Glaubenswelten nicht ganz unbekannt sind, erscheinen sie beim genaueren Hinschauen wie antennenförmige Umrisse eines geistigen Leibes, der nach dem physischen Tod noch weiter »ausstrahlt«. Das Moor war für Kelten und Germanen, die an Seelenwanderung glaubten, auch ein Tor zur »Anderswelt«, in der übernatürliche Mächte wohnen. Eine frühe Zeichnung von Beuys mit dem Titel »Frau vom Moor« deutet so etwas an: Das dunkle Profil eines Frauenkopfes über den gewellten Bögen einer Wasserlandschaft lässt offen, ob es sich um eine darin Verirrte oder um die »Herrin der Moore« handelt.

Beuys hatte keine Berührungsängste gegenüber solchen Themen und den damit verbundenen Elementen. Franz Joseph van der Grinten erzählte mir bei meinen Recherchen im August 2014, dass Beuys schon in den 1950er-Jahren dem Tierfilmer Heinz Sielmann bei Dreharbeiten in einem Moor assistiert habe. Da sei er bis zum Hals in den Sumpf eingetaucht, um für den Freund entsprechende Tiere vor die Kamera zu locken. Später ist Beuys in der »Aktion im Moor« wieder in ein solches Biotop gestiegen. Man sieht ihn darin schwimmen, untertauchen und – wie der »Gekreuzigte« – mit ausgebreiteten Armen im Wasser stehen. Auf einem Foto ist er in derselben Haltung vor Resten eines Bunkers zu sehen, der mitten im Moor steht. Vieldeutige Assoziationen entstehen: Das Moor als archaischer Opferraum, in dem nun Christus lebt? Beuys' ausgestreckte Arme wirken wie eine Versöhnungsgeste gegenüber barbarischem Totenkult und Kriegswahnsinn. Der Künstler empfand die Moore wohl als mythische Orte, die nicht nur Tod und Finsternis, sondern auch Kräfte der Transformation in sich bergen. Er tauchte in ihre schlammigen Tiefen ein, nicht, um sich dort zu verlieren, sondern um ihr Dunkel zu erhellen – auch wieder wie ein Alchemist. Das Wort »chemia« bedeutet nach Plutarch »schwarzer, fruchtbarer Nilschlamm«, zugleich das Verborgene, Geheimnisvolle, das durch die alchemistische Kunst des Kondensierens und Destillierens in »Gold» verwandelt werden sollte.

Wie Beuys sich eins mit den Elementen macht, so verschmilzt er auch mit Tieren und Pflanzen, um ihre Nähe zu uns zu unterstreichen. Darin setzt er bestimmte schamanistische Elemente der keltischen Mythologie fort. Wenn er z. B. »Hirschmänner«, »Tierfrauen« und »Vogelmenschen« zeichnet, denkt man an das berühmte Gedicht »Cat Goddeu« des Barden Taliesin, in dem es heißt, dass man durch viele Gestalten gehen müsse, um seine passende Form zu finden. Taliesin beschreibt, dass er auch ein Wassertropfen, ein Adler, Baum oder Stern war und erst im Anschluss an diese nicht menschlichen Daseinsformen zu einem ganzen Menschen wurde.[94] Tierverwandlungen kommen in der keltischen Mythologie oft vor, sogar noch im christlichen *Book of Lismore* aus dem 12. Jahrhundert, wo ein Druide ein Federkleid anzieht, um einen schamanistischen Flug zu zelebrieren. Auch die verschlungene Ornamentik der keltischen Kunst kennt keine scharfen Grenzen zwischen Mensch, Pflanze und Tier, zu sehen etwa im berühmten *Book of Kells*, das Beuys kannte[95]. Seine Aktionen mit Tieren – etwa mit Hase und Kojote – können daher auch aus dem animistischen Kontext des Keltischen heraus verstanden werden. Wie die Druiden und noch manche christliche Heilige sieht Beuys in Tieren und Pflanzen – wir wiederholen seine schöne Formulierung – »Außenorgane des Menschen«. Der Schöpfergeist weht für ihn durch alle Kreaturen, und er lehrt uns, ein Stück weit mit ihren Augen zu sehen, um die Erde nicht durch unsere Hybris zu zerstören.

Das mythologische Thema der Transformation fand Beuys auch an einem anderen Ort Irlands vor, dem »Giant's Causeway« (»Damm des Riesen«). Dort ragt eine Brücke von ca. 40 000 Basaltsäulen ins Meer, die bis zu zwölf Meter hoch und vor 60 Millionen Jahren aus abgekühlten Lavaströmen entstanden sind. Ein Mythos erzählt, dass der Riese Finn MacCumhaill eines Tages so sehr von seinem schottischen Rivalen Benandonner be-

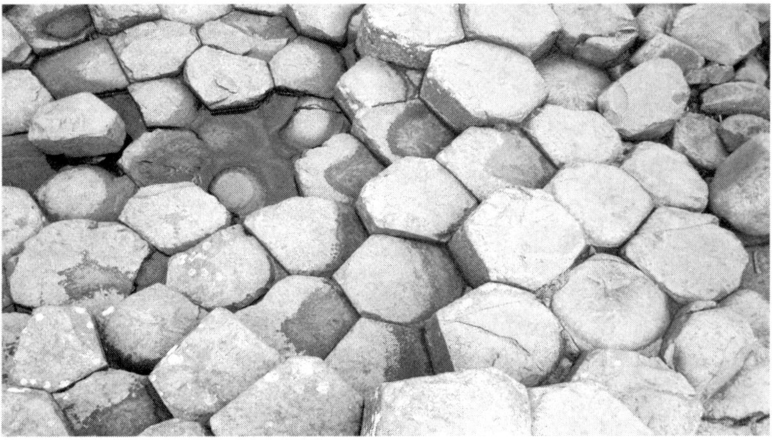
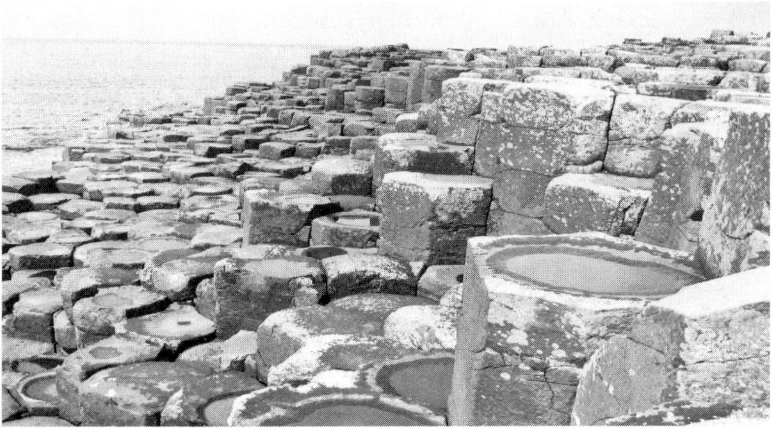
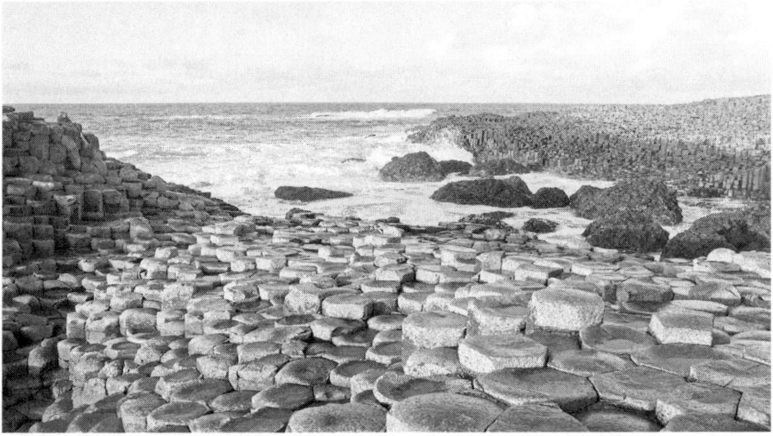

leidigt wurde, dass er einen Damm ins Meer baute, um ihn zu besiegen. Eine Art monumentaler Landschaftsplastik, die uns noch etwas von der Natursicht älterer Kulturen erzählt, welche hinter allen Formen eine schöpferische Hand sahen. Beuys war wohl von der Metamorphose-Idee hinter dieser Steinplastik angerührt, die langatmige Gestaltwerdungsprozesse verkörpert, dazu von der Vielfalt der Basaltformen. Sie sind meist sechseckig, aber es gibt auch fünf-, sieben- und achteckige Ausnahmen. Beuys nannte dieses Phänomen »unity in diversity« (»Einheit in der Verschiedenheit«) und bezog es als utopisches Sinnbild der Versöhnung auf die politischen Konflikte in Irland.[96]

DIE INTELLIGENZ DER BÄUME

Jahre später setzte Beuys den Basalt als Element seiner Raum-Zeit-Aktion »7000 Eichen« in Kassel ein. Für die *documenta 7* ließ er 7000 Stelen dieser Gesteinsart vor dem Fridericianum aufschütten, aus denen in einem gewaltigen Metamorphoseprozess lebendiges Grün und kreative Denkkraft hervorwachsen sollten. Für 500 Mark konnte jeder Bürger die Patenschaft für einen Baum übernehmen, der dann neben einer der Basaltstelen irgendwo in der Stadt gepflanzt wurde. So wurde der riesige Haufen langsam abgetragen – eine Aktion, die auch als ein Heilungsakt für die verwundete Erde aufgefasst werden kann und sicherlich von der Basalt- und Eichenmythologie Irlands mitbeeinflusst wurde.

Die Elemente Stein und Baum in der Aktion »7000 Eichen – Stadtverwaldung statt Stadtverwaltung« sind zwei gute Beispiele für Beuys' Arbeit mit Urbildern. Ein frühes Gedicht des 22-Jährigen kreist bereits um das, was sich hier ausdrückt:

»Jungfrau:
Und siehe, ich schaue dir zu
Wie du den Marmor schlägst
Wie du formst mit der fühlenden Hand.
Ja, Liebster forme mich in Stein
Wie ich deinen Geist in die Morgenröte lenke
Bilde mich … O, bilde mich in Stein
Wie du Helden und Götter schufst
In Wäldergängen
Hauche meine Seele in den kühlen Stein
Mein Herz soll kühl und ernst werden
Und mädchenhaft wie der stille Marmor
Doch aus den steintoten Herzen
Sollen die lebenden wachsen wie die blaue Blume
Und jede Blüte soll wieder
Ein schlagendes Steinherz gebären …
Ewigkeit, Ewigkeit …
Ewigkeit.«[97]

Ausdrucksvolle Zeilen, die Beuys auch als Romantiker ausweisen. Darin bittet die Geliebte ihren Liebsten, den Bildhauer, darum, dem kühlen Stein ihre Seele »einzuhauchen«. Aus den »steintoten Herzen« des Marmors sollen lebendige Blüten wachsen – »wie die blaue Blume«: eine Anspielung auf Novalis' Metapher aus dem *Heinrich von Ofterdingen*, wohl ein Bild für unser verborgenes »höheres Selbst«, das erst noch entwickelt werden muss. Tote Materie und lebendige Pflanze, mineralische und organische Welt, Erstarrung und Bewegung: Hier haben wir wieder die Polaritäten vor uns, mit denen Beuys lebenslang arbeitete. Aus dem Kalten, Seelenlosen soll etwas Warmes, Beseeltes hervorgehen, 7000 Basaltstelen sollen in ebenso viele blühende Bäume transformiert werden. Das haben die Kasseler Bürger nicht gleich verstanden und sich zum Teil mit wütenden Protesten gegen die Aktion gewandt. Das sehe ja aus wie die Trümmerlandschaften nach dem Krieg, kommentierten sie den riesigen Steinberg vor dem Fridericianum. Sie hatten noch kein Gespür für die heilende Kraft der Metamorphose, die Beuys gleich an einem weiteren Beispiel vorführte. Um die kostspielige Aktion zu finanzieren, hatte er einem Nachtklubbesitzer eine Kopie der Zarenkrone Iwans des Schrecklichen abgekauft, der betuchten Gästen daraus zu vorgerückter Stunde Krimsekt kredenzte. Beuys entfernte die Edelsteine der Krone, warf sie in ein Einmachglas und rief: »Es kommt alles auf den Wärmecharakter im Denken an, das ist die neue Qualität des Willens.«[98]

Dann errichtete er auf den 7000 Basaltstelen einen Schmelztiegel und rief, als die goldene Krone in der heißen Glut zu schmelzen begann, die Namen berühmter Alchemisten in die Runde: »Agrippa von Nettesheim, Athanasius Kircher, Paracelsus.« Damit erhöhte er den Vorgang zu einem Prozess mystischer Transformation. Am Ende hatte sich das Symbol von Macht und Dekadenz in eine kochende Flüssigkeit verwandelt, die Beuys in die Form eines Friedenshasens und einer kleinen Sonnenkugel goss. Diese Plastiken, »die jedes Kind versteht«, verkaufte er dem Stuttgarter Sammler Josef Froehlich und verwendete das Geld zur weiteren Finanzierung des Projekts.

Auf Veranstaltungen rund um die Aktion wurde Beuys auch gefragt, warum er ausgerechnet die »deutsche Eiche« als Baum gewählt habe. Schon damals tauchte in diesem Zusammenhang ab und zu der Verdacht des »Völkischen« oder der »Deutschtümelei« auf. Hatten nicht bereits die Germanen die Eiche als heiligen Baum ihres Gewittergottes Donar verehrt? Und war den Kriegshelden des Dritten Reichs nicht das Ritterkreuz mit »goldenem Eichenlaub« verliehen worden, die damals höchste Ehrung überhaupt? Doch Beuys handelte aus keiner völkischen Gesinnung heraus, sondern wollte ein ehemaliges Kriegersymbol in ein Zeichen für Leben, Schönheit und Kreativität verwandeln. Dazu war er laut eigenen Angaben nicht primär von den Germanen, sondern von Erlebnissen auf seinen Irlandreisen inspiriert worden. Die Eiche galt nicht nur der heidnischen Bevölkerung Irlands als heilig, sondern auch späteren christlichen Missionaren. Der Mönch Columcille z. B. studierte in dem nach einem heiligen Baum benannten Kloster Moville und gründete christliche Siedlungen in Derry und Durrow, was in beiden Fällen übersetzt »Eichenhain« bedeutet. Auch das Kloster Kildare (irisch »Cill

Dara«; »Eichenkirche«) der heiligen Brigid wurde nach diesem Baum benannt, der als Paradiesbaum mit Früchten und Singvögeln gesehen wurde, die als Stellvertreter der Engel galten.

Beuys kannte diese Zusammenhänge:

> »Die Kelten haben die Eiche noch viel höher geschätzt als die Germanen«, erklärte er im *Gespräch über Bäume,* »in England, Irland, in Frankreich, also in allen Gebieten, die keltische Kulturen hatten, war die Eiche ein noch viel wesentlicherer Punkt für die Druiden. Bei den Germanen, da gab es auch immer noch die freie Möglichkeit, auf Esche auszuweichen. Die Esche hatte auch eine große Bedeutung. Aber für die Druiden war die Eiche quasi eine ganz große Notwendigkeit. Also gut, das kann man damit in Zusammenhang bringen. Denn wenn ich spreche von einem Zeitelement, was erst in der Zukunft sein ganzes Bild voll entfaltet und überzeugend den Menschen zur Verfügung steht als Baum, als Lebenszeichen, aber auch als Schattenspender, Luftfilter, als Sauerstoffspender, als Energiequelle usw., wenn das also erst in der Zukunft sein wird, ist es ja auch ruhig erlaubt, dieses Zeitelement in die Vergangenheit zu bringen, bis in die Ursprungszeit, (...) also bis in die allerfrühesten Kulturen hinein, die ja mit der Natur noch in einer sehr – wie soll man sagen – geheiligten Weise umgegangen sind.«[99]

Beuys übernimmt von den Kelten das Symbol der »heiligen Eiche« und fragt indirekt, was denn heute »Heiligkeit der Natur« bedeuten könnte. Damit ist er nicht allein. Viele Menschen wollen heute ihr ökologisches Bewusstsein um eine solche spirituelle Komponente erweitern, die auch unser Gefühl und unsere Imagination mit einbezieht. So etwas war dem Pragmatismus der »Grünen« fremd, und daher war der »Schamane« Beuys bei ihnen auch nicht gut aufgehoben.

Interessant ist in diesem Zusammenhang, dass heute auch Wissenschaftler aufgeschlossen gegenüber solchen spirituellen Begriffen sind, wie etwa der bereits erwähnte US-amerikanische Biologe Stuart Kauffman. Angeregt von der Ermahnung eines indianischen Schriftstellers, die Wissenschaft müsse die Kategorie des »Heiligen« wieder in ihr Denken aufnehmen, schrieb Kauffman sein Buch *Reinventing the Sacred*, in dem er biologische und spirituelle Erkenntnisse zu verbinden sucht. Die schiere Komplexität der Natur und das Phänomen der Emergenz, so argumentiert er, seien nicht nur auf rein stoffliche Bestandteile reduzierbar. Warum sich Atome zu Molekülen, Zellen zu Organismen verbinden, sei nicht allein rational zu erklären, ebenso wenig wie der große Überschuss an Schönheit, Spiel und Formenreichtum in der Natur. Die Anerkennung des »Heiligen« bedeutet für Kauffman das Zulassen von Gefühlen wie Ehrfurcht und Bewunderung für das der Evolution zugrunde liegende Kreativititätspotenzial, die dann zu mehr Fürsorge für die Natur führen können, auch zu einer Erweiterung unseres Wissenschaftsbegriffs um ästhetische und ethische Komponenten.[100]

Vielleicht meint Beuys so etwas, wenn er die Eiche eine »Wärmezeitmaschine« nennt, die er dem kalten und starren Basalt gegenüberstellt.[101] Sie wächst in die Zukunft hinein und spendet uns Licht, Schutz, Sauerstoff und Schönheit. Wenn man durch einen Eichenhain geht, stellen sich Stimmungen von Kraft, Stille und Gelassenheit ein. Wir sind berührt vom Wechsel der Farben und Lichtstimmungen im Verlauf der Tages- und Jahreszeiten, vom hohen Alter dieser Bäume, dem Reichtum an Arten, ihrer Verbindung von Erd- und Himmelssphären. Laut Zeugnis von Caroline Tisdall war Beuys der Spiritualität der Romantik verbunden, und vielleicht war sein Umweg über die Kelten auch ein Versuch, wieder an die Naturphilosophie eines Goethe, Schelling, Hölderlin, Novalis und Caspar David Friedrich anzuknüpfen. In einem Gespräch mit Sean Rainbird sagte Tisdall über Beuys:

> »Hinter seinem Wunsch, deutsche Symbolik und die deutsche Bildersprache zu rehabilitieren, stand der Gedanke, dass ein Land, das sich nicht zu seiner eigenen Geschichte bekennen kann, auf Sand gebaut ist und sich immer mehr dem modernen Materialismus zuwendet, dem jede Art von Spiritualität fremd ist. Das war seiner Ansicht nach sehr gefährlich, nicht nur wegen des Materialismus, sondern wegen eines möglichen Rückfalls, einer politischen Kehrtwende zum Neo-Nazismus.«[102]

Doch es gibt auch eine »rechte Ökologie« bei Alt- und Neonazis, die Eichen liebt und gerne vom »Schutz des deutschen Waldes« spricht. Sie sieht im Naturorganismus von Wäldern letztlich ein Vorbild für gesellschaftliche Organismen, in denen der Einzelne nicht als Individuum zählt, sondern auf seine Rolle als gefügiger Teil eines »Volkskörpers« reduziert ist. Diese totalitäre Ideologie vertrat schon der NS-Propagandafilm »Ewiger Wald« von 1936, in dem heroisch vom Zusammenstehen der Bäume wie von dem einer eingeschworenen Kriegergemeinschaft geraunt wurde. Solche rechten Ideologien sind oft auch antisemitisch aufgeladen: Die Juden werden darin als »wurzelloses« und urbanes Volk denunziert, das – anders als der »germanische Mensch« – kein tieferes Gefühl für Natur besitze.

Doch nicht nur wegen der »deutschen Eiche« wird Beuys heute gelegentlich vorgeworfen, mit rechten Ideologien sympathisiert zu haben. Man macht solche Vorwürfe auch an seiner Kooperation mit Menschen aus dem rechtskonservativen Lager fest, etwa mit dem Anthroposophen Werner Georg Haverbeck oder dem Gründer der Umweltschutz-Partei AUD (Aktionsgemeinschaft Unabhängiger Deutscher), August Haußleiter.[103]

Man muss jedoch in beiden Fällen genauer hinsehen. In der Tat war Haverbeck während der Nazi-Diktatur Beauftragter für Volkstumsarbeit gewesen und fiel seit den 1980er-Jahren wieder mit rechten Positionen auf, etwa durch seine Unterzeichnung des fremdenfeindlichen »Heidelberger Manifestes« oder das von ihm gegründete »Collegium Humanum«, das sich in dieser Zeit zu einem Zentrum des völkischen Nationalismus entwickelte. Doch laut Recherchen des Historikers Bernd J. Wagner lässt sich zwischen 1950 und 1981 in Haverbecks Publikationen und im Rahmen seiner Bielefelder Fachhochschultätigkeit eine solche Ideologie nicht erkennen. Aufgrund seiner Tätigkeiten als Umweltaktivist und Brokdorf-Demonstrant galt Haverbeck vielen sogar als »links«.[104] Die meisten Zeitgenossen hatten ihn in diesen Jahren noch nicht als rechts verortet. Auch Robert Jungk, Gustav Heinemann, Erhard Eppler und Egon Bahr fanden Positives an seinen Ökoprogrammen und arbeiteten zeitweise mit ihm zusammen.[105] Man kann also Beuys nicht unterstellen, dass er in bewusster Kenntnis von Haverbecks rechter Gesinnung in den 1970er-Jahren ein paar Mal mit ihm kooperierte.

Auch Beuys' Zusammenarbeit mit dem AUD-Vorsitzenden August Haußleiter, für dessen Partei er 1976 sogar als Spitzenkandidat in Nordrhein-Westfalen kandidierte, muss differenzierter beurteilt werden. Haußleiter gehörte im Dritten Reich der »Konservativen Revolution« an, war Schriftleiter des nationalistischen *Fränkischen Kurier*, aber geriet wegen seiner kirchenfreundlichen Haltung auch in Konflikt mit den

NS-Oberen. Als Kriegsberichterstatter schrieb er 1942 das Buch *An der mittleren Ostfront*, ein Loblied auf das »ewige deutsche Soldatentum« im Kampf gegen die von »Dämonen« und »entfesselter Bestialität« regierte Sowjetunion.[106] Ab 1946 wurde Haußleiter Mitbegründer der CSU und gründete Parteien wie die »Deutsche Gemeinschaft« mit einer stark nationalistischen Färbung. In deren Sprachduktus finden sich Formeln wie »Bekenntnis zur nationalen Schicksalsgemeinschaft« und »Dienst und Opfer für Familie und Volk«. Haußleiters Frau, die oberschlesische Heimatvertriebene Renate Malluche, sprach von der »Rettung der deutschen Seele« und machte mobil gegen die »geistige Überfremdung der Nation«.[107]

Doch Historiker wie Silke Mende oder Richard Stöss stimmen darin überein, dass die AUD zumindest äußerlich einen Wandlungsprozess durchmachte. Haußleiter und seine Partei nahmen aktiv an Anti-AKW-Demonstrationen teil, in ihrer Zeitschrift *Die Unabhängigen* veröffentlichten neben Beuys auch Petra Kelly, Rudi Dutschke und Horst Stern, und auf ihren Parteitagen sprach der linksliberale Politologe Ossip Flechtheim, der wegen seiner jüdischen Abstammung von den Nazis verfolgt worden und 1939 in die USA emigriert war.[108] Die AUD suchte nach dem Urteil von Richard Stöss Anschluss an die Außerparlamentarische Opposition, mit der sie sich durch eine direktdemokratische, antikapitalistische, pazifistische, ökologische und antiimperialistische Haltung verbunden sah. 1978 gab es aufgrund solcher gemeinsamen Interessen ein Wahlbündnis Die Grünen/AUD, das sich als erste Umweltschutzpartei Deutschlands sah. 1979 schließlich stellten Die Grünen neben anderen auch Joseph Beuys als Kandidaten auf und setzten Haußleiter als Herausgeber für ihr Parteiblatt ein. Richard Stöss, der die Geschichte der AUD umfassend untersucht hat, nennt deren Ideologie »populistischen Konservativismus«. Es erscheint ihm jedoch »... absurd, die AUD des Jahres 1979 (...) als (neo-)faschistisch, nationalkonservativ oder rechtsextremistisch einzustufen«. Sie vertrete vielmehr »neutralistische, entspannungsorientierte, rüstungsfeindliche und ökologische Thesen«.[109]

Beuys' langjähriger Freund und Mitarbeiter Klaus Staeck bestreitet, dass dieser in der Zusammenarbeit mit der AUD »reaktionäres Alt-Nazitum« gepflegt hätte: »Er hatte eine Vorstellung von einer anderen Welt, einer ökologischen, das war aber keine rechte.« Allerdings räumt Staeck ein:

> »Dass er zeitweise auf falsche Leute gesetzt hat in seiner Erwartung, die gesellschaftlichen Verhältnisse zu ändern, das will ich gar nicht bestreiten. Ich habe manchmal mich gewundert, Leute wie Haußleiter von der AUD, was den da getrieben hat. Er [Beuys, R.S.] hat sich aber gleichzeitig über die auch immer lustig gemacht, das war das Interessanteste, selbst die Steiner-Ideen, die er gleichzeitig immer auch karikierte, jedenfalls wenn ich mit ihm sprach (...) Er war je-

mand, der ohne diplomatisches Geschick manchmal Dinge ausgesprochen hat, wo der Bedächtige gesagt hätte, na also da hätte ich mal lieber erst mal anders formuliert oder den Mund gehalten. Der Beuys war auf eine ganz seltsame Weise offen für alles.«[110]

Blauäugig oder nicht: Beuys suchte Mitstreiter für gesellschaftliche Veränderungen und fand sie in vielen Splittergruppen und Einzelpersönlichkeiten, deren Biografien er nicht alle akribisch durchleuchten konnte. Finden sich »völkische« oder »nationale« Töne in seinem Werk? In seinem Vortrag »Sprechen über das eigene Land: Deutschland« von 1985 spricht Beuys positiv über den »Born dessen, was wir die Deutsche Sprache nennen«, und die »Eigenschaften des deutschen Genius«. Aber er scheint damit eher idealistisch-romantische als explizit völkische Traditionen zu meinen.[111] Auch der englische Historiker Peter Watson pries den »deutschen Genius« in seinem gleichnamigen, 2010 erschienenen Buch, das Deutschlands künstlerische und wissenschaftliche Leistungen der letzten 300 Jahre positiv herausstrich.[112] Und bei dem Wort »Born« muss man nicht gleich an die SS-Organisation »Lebensborn« denken, die zur Erhöhung der Geburtenrate »arischer« Kinder beitragen sollte. »Born« bedeutet eigentlich »Brunnen« und ist eine in Dichtung und mystischer Literatur vielfach verwendete Metapher. Nietzsche spricht in *Also sprach Zarathustra* vom Leben als »Born der Lust«, und Goethe sehnt sich in einem Gedicht danach, in einem

»holden Born« zu baden. Bei dem Mystiker Johannes Tauler ist mit »Born« z. B. auch eine Wunde gemeint, aus der eine durch göttliche Minne bewirkte Auferstehungskraft hervorsprudeln kann.[113]

Beuys benutzt die altmodische Metapher in einem ganz ähnlichen Sinn. In der Hinwendung zum »Born der deutschen Sprache«, so sagt er, könnten wir erleben, dass

> »... sich uns nicht nur die leibliche Gesundheit wieder einstellen würde, sondern daß wir auch ein elementares, tiefes Fühlen erreichen würden, für das, was auf dem Boden geschieht, auf dem wir leben, für das, was auf dem Acker, was auch im Walde, auf der Wiese, was im Gebirge gestorben ist.«[114]

Dies kann man als Anspielung auf die in der deutschen Literatur und Philosophie des 19. Jahrhunderts angelegte Sensibilität für Naturkräfte lesen, die Beuys in ökologischen Krisenzeiten für Prozesse von »Heilung« und »Auferstehung« nutzen will. Er steht damit in einer deutschen Tradition spiritueller Naturbetrachtung, die von Paracelsus, Goethe, Novalis, Schelling und Fechner bis hin zu Rudolf Steiner reicht: Namen, die von Beuys auch selbst immer wieder genannt werden.[115] »Völkische Ideale« darin zu verorten, ist eine vorschnelle Reaktion, die den Begriff des »Völkischen« zu verwässern droht.[116] Historiker wie Uwe Puschner haben darauf hingewiesen, dass dieser Terminus nicht ohne Antisemitismus und Rassismus zu denken ist.[117] Beuys aber wendet sich in seiner Rede über Deutschland ausdrücklich gegen »alle noch im Rassistischen treibenden Umtriebe, schrecklichen Sünden, nicht zu beschreibenden schwarzen Male«.[118]

In Gesprächen mit Clara Bodemann-Ritter auf der *documenta 5* (1972) wurde er noch deutlicher:

> »Auch wir haben unser eigenes Rassenproblem. (…) Wenn schwarze Studenten beispielsweise Wohnungen suchen, meinen Sie, die kriegen leicht ein Zimmer? Auch nicht Franzosen. Ausländer sind in Deutschland gar nicht besonders gefragt. (…) Das ist durchaus nicht überwunden bei uns (…) Ich führe es darauf zurück, daß das in den Menschen noch nicht sehr weit entwickelt ist, diese Überwindung von altem Blut. Daß das Blutsmäßige durchaus noch nicht überwunden ist. Es ist eine innerliche Unfreiheit.«[119]

Im Manifest zur Gründung der Freien Internationalen Universität (FIU) von 1973 formulierten Beuys und andere sogar, dass diese Hochschule ausdrücklich Inspirationen von Menschen aus anderen Kulturen wünscht:

> »Kreative Anregungen erwarten die Gründer von Ausländern, die hier arbeiten. Nicht, daß sie von uns, daß wir von ihnen lernen, wird dabei vorausgesetzt. Deren Lebensart und kulturelle Traditionen könnten wechselseitig Kreativität wecken, die aus dem bloßen Kunstvergleich in den Vergleich von Strukturen, Aussagen, Wörtlichkeiten der Lebensmaterialien: Recht, Politik, Wirtschaft, Wissenschaft, Reli-

gion übergehen muß und sich zur Erforschung oder Entdeckung der ›Kreativität des Demokratischen‹ entwickeln sollte.«[120]

Solche Aussagen sind eher Vorläufer heutiger Modelle von interkulturellem Dialog und multikultureller Arbeit.

Die Aktion »7000 Eichen« sowie Beuys' sonstige Arbeit mögen an die Kelten oder die deutsche Romantik angeknüpft haben, aber sie dehnten das Sinnbild z. B. des Baumes in universellere Zusammenhänge aus. »Eine Welt ist jeder von euch, wie Sterne des Himmels lebt ihr, jeder ein Gott, in freiem Bunde zusammen«, dichtete Hölderlin über die Eichen, ganz im Sinne der von ihm verehrten freiheitlichen Ideale der Französischen Revolution. So kann Eichenkult auch klingen. Schaut man sich heute die vielen Standorte der Bäume in Kassel an, so wirken sie wie diese Zeilen: locker gruppierte »Individuen« mit einer jeweils ganz unterschiedlichen Aura, die die Umgebung stark mitprägt. Stehen Eichen und Basalte an viel befahrenen Straßen wie am Anfang der Ludwig-Mond-Straße, werden sie zu Zeichen der Stille und der Standhaftigkeit, die sich weigern, vom rastlosen Verkehr weggespült zu werden. Andere schmücken in ruhigeren Alleen etwa eine Parkbank, die zum Verweilen und Träumen einlädt. Vor einem Spielcenter fanden wir bei den Dreharbeiten die Basaltstele und eine junge Eiche, bedrängt von Müllsäcken, kaputten Fernsehgeräten und sonstigem Abfall, gegen die beide sich tapfer behaupteten. Ergreifend wirkten Stein und ausladender Baum auch vor einer Kirche am Bebelplatz, diesmal wie eine Erinnerung an vorchristliche Kultstätten.

In einem Interview mit Friedhelm Mennekes spricht Beuys sogar von der »Intelligenz der Bäume« und ihrer Wahrnehmungsfähigkeit für das Leiden. In dieser poetisch formulierten Vision kommt besonders deutlich zum Ausdruck, wie weit Beuys' Begriff von Ökologie gespannt ist – und dass die Eiche letztlich als Sinnbild für den aufgerichteten inneren Menschen verstanden werden muss:

> »Ich bin ja kein Gärtner, der Bäume pflanzt, weil Bäume schön sind. Nein, ich sage, die Bäume sind heute ja viel intelligenter als die Menschen. Wenn der Wind durch die Kronen geht, dann geht zu gleicher Zeit durch die Krone, was die leidenden Menschen an Substanz auf die Erde gebracht haben. Das heißt, die Bäume nehmen das längst wahr. Und sie sind auch schon im Zustand des Leidens. Sie sind entrechtet. Sie wissen das ganz genau, daß sie entrechtet sind. Tiere, Bäume, alles ist entrechtet. Ich möchte diese Bäume und diese Tiere rechtsfähig machen, das ist selbstverständlich eine Pflicht des Menschen.
> Und dann muß er seine Intelligenz, angefangen bei den Bäumen, langsam wieder aufrichten. Der Baum, der Lebensbaum ist ja überhaupt dieses Zeichen für die allgemeine Intelligenz. Und auch der Prozeß, der mit dem Baum geschieht und den wir heute am Wald wahrnehmen. Heute wird der Wald von selbst zu dem, wozu das Holz des Kreuzes benutzt wurde (...)

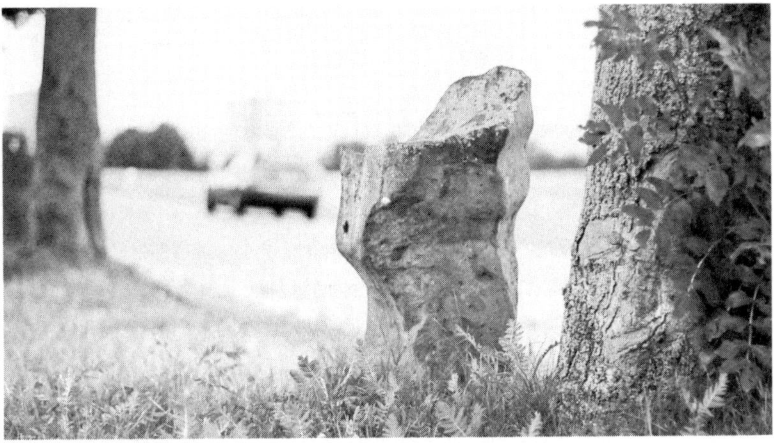

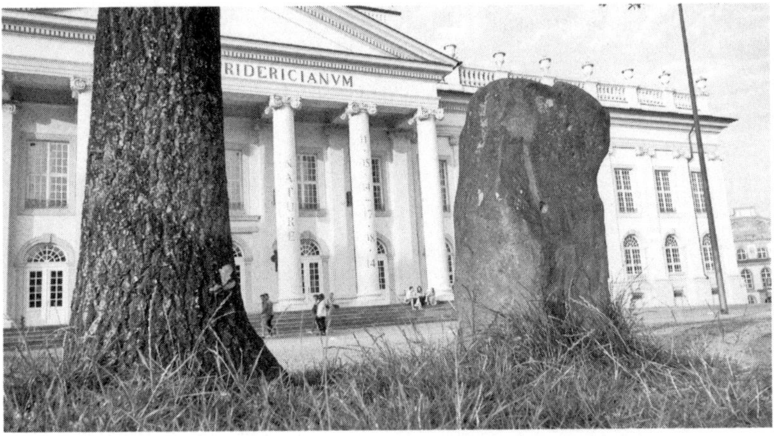
RIDERICIANVM

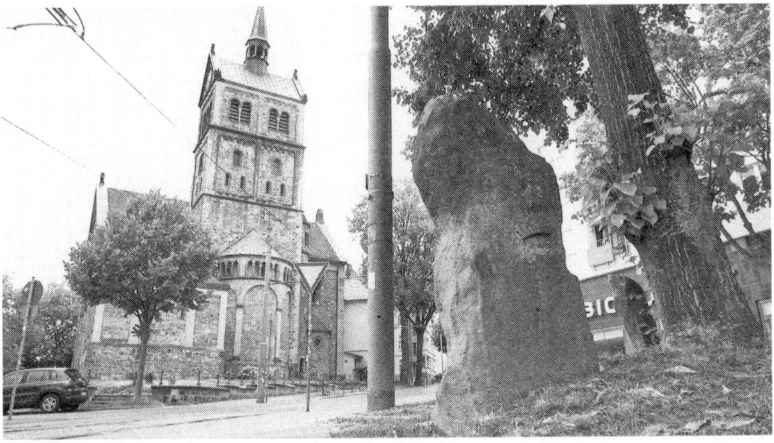
BIC

Die Bäume sind nicht wichtig, um dieses Leben auf der Erde aufrechtzuerhalten, nein, die Bäume sind wichtig, um die menschliche Seele zu retten. Dieser Spinatökologismus, der interessiert ja nicht (...) Das einzige, was sich lohnt aufzurichten, ist die menschliche Seele. Ich meine jetzt ›Seele‹ im umfassenden Sinn. Ich meine jetzt nicht nur das Gefühlsmäßige, sondern auch die Erkenntniskräfte, die Fähigkeit des Denkens, der Intuition, der Inspiration, das Ichbewußtsein, die Willenskraft. Das sind ja alles Dinge, die sehr stark geschädigt sind in unserer Zeit. Die müssen gerettet werden. Dann ist alles andere sowieso gerettet.«[121]

JEDER MENSCH EIN KÜNSTLER

Eine ergreifende Episode in Beuys' Leben mag zum letzten Kapitel und zu seinem Kreativitätsbegriff überleiten. Der Kriminelle Jimmy Boyle, der von der Polizei zu den gewalttätigsten Menschen Schottlands gerechnet wurde, war 1967 wegen Mordes in das Gefängnis »Barlinnie« bei Glasgow eingesperrt worden, wo aus dem Verbrecher nach und nach ein Künstler wurde. Eine der Motivationen für diese Persönlichkeitsveränderung war Boyles Besuch einer Fotoausstellung über Beuys' New Yorker Aktion mit dem Kojoten. Er ist tief angerührt von der sanften Kommunikation zwischen dem als Hirten verkleideten Künstler und dem eingesperrten Wildtier und erkennt sich darin wieder. Das erzeugt in ihm das Bedürfnis, selbst Kunst zu machen und sich damit aus dem Teufelskreis der Kriminalität herauszumanövrieren.

Boyle beginnt, als Bildhauer und Schriftsteller zu arbeiten. Beuys wird zu einem seiner Förderer und besucht ihn öfter im Gefängnis. Er bringt seinen schottischen Galeristen Richard Demarco dazu, Boyles Werke auszustellen, und schlägt Boyle später sogar als Leiter des Edinburgher Ablegers der FIU vor. Als Boyle aus dem gemäßigten »Special Unit« in Barlinnie wieder in eine härtere Strafanstalt verlegt wird, tritt Beuys in den Hungerstreik und kämpft mit Presseerklärungen für die Hafterleichterung des Gefangenen. In einer Zeichnung mit dem Titel »Freedom for Jimmy Boyle« malt Beuys um eine von dessen Skulpturen konzentrische Kreise mit den Titeln »physical body«, »body of perception«, »body of feeling«, »body of thinking«, »body of consciousness«. Eine Anspielung auf die spirituelle Lehre von unseren stofflichen und feinstofflichen Körpern, wie sie auch bei Rudolf Steiner eine Rolle spielt, mit der Botschaft: Das Gefängnis kann deinen physischen Leib einsperren, nicht aber deinen »geistigen«.[122] Auch kriminelle Energie – so Beuys – trägt ein, wenn auch fehlgeleitetes kreatives Potenzial in sich, was aber befreit und in andere Bahnen gelenkt werden kann. Ein schönes Beispiel für die Heilung von Verwundungen durch Kunst. Im Gefängnis konzipiert Boyle eine Großskulptur für Craigmillar, einen der Problemstadtteile Edinburghs, aus dem auch einige Mithäftlinge kommen: eine riesige liegende Gulliver-Figur aus Beton und Stahl, durch deren tunnelförmige Arme und Beine die Kinder krabbeln können. Er nennt sie »The Gentle Giant who Cares and Shares«, wohl auch Sinnbild seiner eigenen Verwandlung. Jahrelang diente die Plastik als beliebter Spielplatz, bis man sie verfallen ließ und schließlich im

Jahr 2009 – trotz lautem Bürgerprotest – abriss, um Platz für Kanalanlagen zu machen, die die Überflutung der Region abwehren sollen.

Diese Geschichte erzählt viel über Beuys' Verständnis des Begriffs »Kreativität« und dessen Stellenwert in unserer pragmatisch orientierten Gesellschaft. Beuys sieht im kreativen Vermögen unseren eigentlich menschlichen Kern, vielleicht sogar etwas Göttliches, das jeder – auch ein Schwerkrimineller – in sich trägt. Das meint Beuys mit seinem oft falsch verstandenen Satz, wonach jeder Mensch ein Künstler sei. Dies heißt nicht, dass jeder komponieren kann wie Mozart, sondern dass ein schöpferisches Potenzial in ihm wohnt, egal ob er Handwerker, Gärtner, Physiker, Lehrer oder Dichter ist. Deshalb malte Beuys auf einen Zehnmarkschein die Devise »Kunst = Kapital«. Alle menschlichen Fähigkeiten, so Beuys, stammen aus der Kunst, auch die der Wissenschaft. Schon die frühen Menschen haben Faustkeile in Proportionen des Goldenen Schnittes hergestellt und Höhlen bemalt, bevor sie Mathematik betrieben oder Maschinen erfunden haben. Angesichts dieser historischen Tatsachen wäre die Förderung von Kreativität keine bloße Freizeitverschönerung, sondern vielmehr die Unterstützung unseres eigentlichen Wesens, die bereits in der Schule beginnen müsste. Doch der heutige Staat legt, so Beuys in Gesprächen auf der *documenta 5*, keinen großen Wert mehr auf die ästhetische Erziehung, sondern vor allem »auf die Reproduktion von technischer Intelligenz zur Aufrechterhaltung seines Machtsystems«. Er aber plädiere für eine Kunsterziehung, die sich nicht nur während der Malstunden, sondern in allen Fächern äußere, auch in Mathematik, da ja deren Zahlen und Proportionen ebenfalls Formen seien. Dies gelte auch für den Deutschunterricht, weil Sprache »die erste Sorte von Skulptur« darstelle, bei deren Vermittlung man noch mehr Gewicht auf den Klang und die Form legen müsse: Denn Sprache forme als Ausdrucksmittel erst den Gedanken.[123]

Diese auch von Steiners Waldorfpädagogik inspirierten Gedanken sind heute immer noch revolutionär, so wie Beuys' gesamter »erweiterter Kunstbegriff«.

Doch der Erziehungswissenschaftler Jochen Krautz hat in seinem Buch *Ware Bildung* herausgearbeitet, dass von solchen Ideen heute kaum etwas umgesetzt wird.[124] »Kreativität«, so Krautz, verkommt allmählich zu einem Modebegriff, mit dem sich Werbeagenturen und Eventmanager schmücken, aber an der Basis wird er durch eine immer hemmungslosere Ökonomisierung überdeckt. PISA hat dazu die Standards gesetzt, indem es Bildung auf zweckorientiertes Denken und ökonomische Verwertbarkeit reduzierte. Der an viele Staaten verkaufte PISA-Test zur Untersuchung der schulischen Leistungen von Schülern wurde nicht von internationalen Forschungseinrichtungen entwickelt, sondern von privaten Unternehmen. Diese ließen ihn von der OECD verwalten, um selbst nicht in Erscheinung treten zu müssen.

Auch mittels Sprachanalysen entlarvt Krautz deren nur auf Konkurrenz und Effizienz ausgerichtetes Bildungskonzept. So ist häufig die Rede von »Humankapital«, »Output-Orientierung«, »Schlüsselkompetenzen«, »Exzellenzinitiativen«, »Evaluation«, »Qualitätsprüfungen« und »Eliteuniversitäten«. Man spricht unverhohlen von der »Arbeitsmarktfitness« und der Erwerbung eines »Kompetenzpasses«. Der Begriff »Einfühlungsvermögen« degeneriert zur Fähigkeit, sich – zwecks Beförderung der Karriere – in Stimmungen und Wünsche des Chefs hineinzudenken. Krautz sieht an deutschen Schulen und Hochschulen eine Umerziehung des Menschen zu einem »homo oeconomicus« heraufziehen. Das Studium besteht vielfach nur noch aus fertig geschnürten Lernpäckchen (»Modulen«), die man abarbeiten muss, ohne dass noch kreatives oder kritisches Denken daran beteiligt sind. In den Hochschulräten sitzen immer mehr Unternehmensberater und Industriemanager, und »Lernpartnerschaften« zwischen Schulen und Unternehmen nehmen zu. Statt eine ganzheitliche Bildung zu genießen, die auch Zeit für Kunst und Reflexion lässt, leisten bereits Schüler Hilfsdienste für die Industrie, nehmen Messungen vor, erarbeiten Fotoalben für Firmen, thematisieren deren Regionalgeschichte im Unterricht etc. Die Firmen nutzen die Schulen zur möglichst schnellen Rekrutierung von zukünftigem Arbeitspersonal, wobei »Ausfälle« oder »Pannen« auf wenig Toleranz stoßen. Krautz konstatiert gar Tendenzen hin zu einem neuen biologistischen Menschenbild in der Pädagogik, dessen Vertreter Nervosität oder Unruhe bei Heranwachsenden pathologisieren und eher von Psychiatern oder Medikamenten behandeln lassen wollen, als darin etwa Beziehungskonflikte zu sehen. Die Folge davon seien zunehmende Verzweiflung, Angst, Leere, fehlende Identitätsbildung und Vereinsamung der Schüler.

Angesichts dieser Analysen wirkt der von Beuys 1978 mitveröffentlichte »Aufruf zur Alternative« wie eine hellsichtige Prognose:

> »Es droht die restlose Zerstörung der Naturgrundlage, auf der wir stehen. Wir sind auf dem besten Wege, diese Basis zu vernichten, indem wir ein Wirtschaftssystem praktizieren, das auf hemmungsloser Ausplünderung dieser Naturgrundlage beruht (...) Abermillionen – weltweit gesehen – sind arbeitslos, können ihre Fähigkeiten nicht für die Gemeinschaft einsetzen. Da werden, um die heilige Kuh – die ›Marktgesetze‹ – nicht schlachten zu müssen, Riesenmengen von wertvollsten Nahrungsgütern, die sich aus subventionierter Überproduktion ansammeln, ohne mit der Wimper zu zucken, vernichtet, während in anderen Weltgegenden gleichzeitig Tausende täglich an Hunger sterben (...) Die meisten Menschen fühlen sich den Verhältnissen, die sie umgeben, hilflos ausgeliefert. Das führt zur Vernichtung auch ihrer Innerlichkeit. Sie können (...) in dem undurchschaubaren Knäuel staatlicher und ökonomischer Macht, in den Ablen-

> kungs- und Zerstreuungsmanövern einer billigen Vergnügungsindustrie keinen Lebenssinn mehr erkennen. Insbesondere junge Menschen verfallen in wachsender Zahl dem Alkoholismus, der Drogensucht, begehen Selbstmord. Hunderttausende fallen religiös getarnten Fanatikern zum Opfer. Weltflucht hat Hochkonjunktur. Das Gegenstück dieses Identitätsverlustes der Persönlichkeiten ist die Losung ›Nach mir die Sintflut‹, das rücksichtslose Ausleben des Lustprinzips, der glatten Anpassung, um aus der ganzen Sinnlosigkeit wenigstens für sich, solange das Leben noch dauert, herauszuholen, was herauszuholen ist, ohne Rücksicht, auf wessen Rechnung dabei Wechsel ausgestellt werden.«[125]

Erstaunliche Einsichten, die bis heute Gültigkeit haben. Tatsächlich durchzieht inzwischen der Drang zur Ökonomisierung alle Bereiche unseres Lebens. Spuren davon finden wir nicht nur im Bildungssystem, in der Wirtschaft oder der Zerstörung unserer Naturgrundlagen, sondern auch in der Medizin, die sich eigentlich an anderen Werten orientieren sollte. Krankenhäuser werden immer mehr zu profitorientierten Unternehmen, in denen aus finanziellen Gründen oft mehr als nötig operiert wird.

Aus all diesen Gründen hat Beuys schon damals dafür plädiert, an einer Umgestaltung des Geld-, Arbeits- und Kapitalbegriffs zu arbeiten. Nicht Geld und Geldvermehrung sollten unseren Kapitalbegriff ausmachen, sondern unsere Naturressourcen und schöpferischen Fähigkeiten. Beuys hat sich immer mehr von einem

Künstler im traditionellen Sinne zu einem Philosophen der Kreativität, zu einem Anthropologen, Ökologen und Politiker entwickelt. Das ist, neben der Magie seiner Werke, auch ein wichtiges Erbe für unsere Zeit, das in vielfältigen Aktionen heute weiterlebt. Dazu zählen etwa der von Johannes Stüttgen begründete »Omnibus für direkte Demokratie«, Initiativen für das bedingungslose Grundeinkommen oder der FIU-Verlag, der Beuys' Umgang mit Steiners Dreigliederungsidee[126] weiterverfolgt; auch der Lehrstuhl für »Soziale Skulptur« an der Oxford Brookes University, wo Beuys-Experten wie Walter Kugler, Wolfgang Zumdick, Shelley Sacks und Caroline Tisdall unterrichten.[127]

Beuys formulierte in seiner Rede bei der Vergabe des Lehmbruck-Preises den berühmten Satz: »Alles ist Skulptur.«[128] Diese Einsicht kann uns sensibilisieren für neue Gestaltungsprozesse in der Wirtschaft, im sozialen Leben, in der Erziehung, Politik, ja, selbst in der Naturwissenschaft, die meist ohne ästhetische Dimension auszukommen meint. Aber Intuition, Imagination und Inspiration spielen bei der Entwicklung neuer Theorien eine große Rolle, und Empathie und bildhafte Sprache stehen auch einem Naturwissenschaftler gut zu Gesicht, wenn er uns seine Welten wirklich aufschließen will.

Hat Beuys sich am Schluss selbst verzehrt und verbrannt, indem er auf allen Hochzeiten tanzen musste? Indem er sich zu viel abverlangte und – wie ein Politiker und Manager – von einem Termin zum nächsten hetzte? Gab es in den letzten Jahren noch den meditativen Vorgang des Zeichnens, das kontemplative Aufgehen in der von ihm so geliebten Natur? Momente des Verweilens, Innehaltens, Sich-selbst-Pflegens?

Ich habe mir diese Fragen während meiner Beschäftigung mit seinem Leben oft gestellt. Auch beim Anblick seines immer schmaler werdenden Gesichts und seiner durchschimmernden Fragilität gegen Ende seines Lebens. Immerhin war eine Lungenerkrankung im Spiel, ihm fehlten eine Niere und die Milz, das Rauchen hatte ihm zugesetzt, ebenso zwei Herzinfarkte, die er überlebt hatte. Aber ein Moment der Rastlosigkeit nimmt immer mehr zu. Ebenso das Gefühl, überall gebraucht zu werden, die ganze Welt erlösen zu wollen, kompetent in nahezu allen Bereichen zu sein. Stundenlang saß Beuys auf anstrengenden Parteitagen herum, wo viele Phrasen ohne jede Verbindung zum Herzen gedroschen wurden, und kassierte dafür am Ende noch Hohn und Missachtung, was ihn – so haben es mir Zeitzeugen erzählt – tief verletzt hat. Bei all seiner bewundernswerten Vielseitigkeit strahlt er in den letzten Jahren auch etwas Getriebenes aus, das mich manchmal daran zweifeln lässt, ob die Metamorphose vom Künstler zum sozialen Plastiker eine wirkliche Erfüllung war.

Doch es berührt mich zu sehen, dass Beuys bis zum Schluss ein Künstler im von ihm manchmal fast verachteten »traditionellen« Sinne geblieben ist, der magische Objekte herstellt, die uns im tiefsten Inneren bewegen, ohne gleich gesellschaftsverändernd wirken zu müssen. Werke wie »Plight«, »Capri-Batterie«, »Das Ende des 20. Jahrhunderts« und »Schmerzraum« gehören dazu.

Vor allem aber die stille Installation »Palazzo Regale«, die Beuys noch einen Monat vor seinem Tod in Neapel errichtete. Zwei Vitrinen, die eine mit einem auf der Seite liegenden Kopf, einem mit blauer Seide gefütterten Luchsmantel, zwei Konzertbecken und dem Gehäuse eines Tritonshornes. Die andere mit einem graugrünen Rucksack, der einen Filzkeil enthält sowie Kupferdrähte, Nadeln, Spazierstöcke und vertrocknete Speck- und Schinkenscheiben. Für mich ist »Palazzo Regale« ein weiteres Objekt zum Thema »zeige deine Wunde«: der gefallene König, dessen Horn verstummt ist und dessen goldene Becken an die strahlende Musik besserer Tage erinnern. Der gestrandete Wanderer, dessen Vorräte nicht mehr brauchbar sind und den ein unbekanntes Schicksal ereilt hat. Der späte Beuys hat uns hier etwas in einer Sprache mitgeteilt, die wir nicht so leicht deuten können. Aber wir können ihr erlauben, Assoziationsräume in uns zu öffnen, die nur durch die Kunst angeregt werden können. Und das bleibt für mich der eigentliche Beuys. Nicht der Rhetoriker, der mit Wissenschaftlern, Bankern, Werbeleuten und Politikern umgehen konnte. Nicht der Ökonom, Theoretiker des Geldes, Philosoph, Vortragsreisende, sondern der Magier der Formen, die dem Unausgesprochenen in mir die Zunge lösen können. Vielleicht kommt meine Bevorzugung des bildmächtigen Künstlers gegenüber dem Politiker Beuys auch dadurch zustande, dass ich als Filmemacher im Medium des Bildes arbeite. In einem sinnlichen, atmosphärischen Medium, das Bedeutungsinhalte eher umkreist als in Begriffe packt. Ein Medium, das zuerst unser Herz und unser Unbewusstes berühren will in der Hoffnung, dass daraus auch die Veränderung äußerer Strukturen erfolgen kann.

Was Beuys hierzu in seinem letzten Interview andeutet, kommt mir entgegen. Darin scheint etwas von der Transzendenz auf, die »Palazzo Regale« trotz aller Traurigkeit doch auch erahnen lässt. Immerhin umsäumen große, schimmernde Messingtafeln die Installation, die mit dem Gold der Becken und ihrem nicht hörbaren Klang den Raum mit mächtigen Schwingungen erfüllen. Und der gepackte Rucksack könnte ja auch Zeichen eines neuen Aufbruchs sein. In Anspielung auf den imposanten Palast, in dem das Werk ausgestellt ist, sagt Beuys:

> »Mir geht es nicht (…) um ein monarchisches Konzept, das heißt eine Sache, die mit dem ›Palazzo Regale‹, mit der Idee staatlicher Herrschaft, zu tun hat. Der Palast, den wir zuerst erobern und dann würdig zu bewohnen haben, ist der Kopf des Menschen, unser Kopf (…) In dieser Arbeit ist die symbolische Komponente sehr stark, denn ich wollte zwei in meinem Werk stets gegenwärtige Elemente hervorheben, von denen ich glaube, daß sie in jeder Handlung des

Menschen enthalten sein sollen, sowohl das Feierliche der Selbstbestimmung des eigenen Lebens und der eigenen Gesten als auch die Bescheidenheit unserer Handlungen und unserer Arbeit in jedem Augenblick. Das ganze kommt aber ohne großes Aufheben zum Ausdruck, ja auf eine sehr stille Weise.«[129]

ANMERKUNGEN

1 Vgl. Jörg Herold: *Zeugnisse und Schriften der Reise eines Dokumentararchäologen 2000–2005*, hg. von ders./Susanne Pfleger, Hatje Cantz: Ostfildern 2006, 3.01–3.32; Frank Gieseke/Albert Markert: *Flieger, Filz und Vaterland. Eine erweiterte Beuys-Biografie*, Elefanten Press: Berlin 1996, 76ff.; Ulrike Knöfel: »Flug in die Ewigkeit«, in: *Der Spiegel* 28 (2013), 118ff.

2 Götz Adriani/Winfried Konnertz/Karin Thomas: *Joseph Beuys – Leben und Werk*, DuMont: Köln Neuaufl. 1994, 11.

3 Georg Jappe: *Beuys Packen. Dokumente 1968–1996*, Lindinger + Schmid: Regensburg 1996, 209f.

4 Karin Riedl: *Künstlerschamanen. Zur Aneignung des Schamanenkonzepts bei Jim Morrison und Joseph Beuys*, transcript: Bielefeld 2014, 122ff.

5 Joseph Beuys: *Eine Innere Mongolei. Dschingis Khan, Schamanen, Aktricen. Ölfarben, Wasserfarben und Bleistiftzeichnungen aus der Sammlung*

van der Grinten, hg. von Carl Haenlein, Kestnergesellschaft: Hannover 1990.

6 Rhea Thönges-Stringaris: Interview mit Günther Mancke, 1988, (unveröffentlicht), Zitat mit Erlaubnis der Autorin.

7 Heribert Schulz: *Joseph Beuys und der Schwan*, hg. von Dieter Koepplin, Richter/Fey: Düsseldorf 2012, 11.

8 Joseph Beuys (Illustr.)/Klaus Gallwitz (Mitverf.): *Beuys vor Beuys. Frühe Arbeiten aus der Sammlung van der Grinten. Zeichnungen, Aquarelle, Ölstudien, Collagen*, mit Texten von Klaus Gallwitz, Hans van der Grinten et. al., Ausstellungskatalog, DuMont: Köln 1987, 224.

9 Vgl. Wolfgang Behringer: *Chonrad Stoeckhlin und die Nachtschar. Eine Geschichte aus der frühen Neuzeit*, Piper: München/Zürich 1994.

10 Joseph Beuys in der ORF III Talkshow *Club 2* »Kunst und Schwindel«, 27.01.1983, vgl. unter: http://www.youtube.com/watch?v=J6pS7H_24CE [Stand: 20.11.2014].

11 Franz-Joachim Verspohl: »Joseph Beuys in Weimar. Das Jahr 1942 als Zäsur des Lebenslaufes«, in: *Forschungsmagazin Friedrich-Schiller-Universität Jena* 2 (1995), 24.

12 Eines von Lanz' Werken heißt sogar: *Theozoologie oder die Kunde von den Sodoms-Äfflingen und dem Götter-Elektron* (1904), vgl. Wilfried Daim: *Der*

Mann, der Hitler die Ideen gab. Jörg Lanz von Liebenfels, Ueberreuter: Wien 1994, 98, 124.

13 Vgl. Friedrich Nietzsche: *Die Geburt der Tragödie aus dem Geiste der Musik*, in: ders.: *Friedrich Nietzsche Werke I*, hg. von Karl Schlechta, Ullstein: Frankfurt a. M./Berlin/Wien 1972.

14 Ebd. 27.

15 Friedrich Nietzsche: *Die Geburt der Tragödie aus dem Geiste der Musik*, a. a. O. 23.

16 Wolfgang Zumdick: »*Der Tod hält mich wach*«. *Joseph Beuys – Rudolf Steiner. Grundzüge ihres Denkens*, Pforte: Dornach [2]2006, 9.

17 Dieter Koepplin (Hg.): *Joseph Beuys in Basel*, Bd. 3: *Schneefall*, Schirmer/Mosel: München 2011, 15.

18 siehe Anm. 6.

19 siehe Anm. 6.

20 siehe Anm. 6.

21 Rudolf Steiner: *Kunst und Kunsterkenntnis. Grundlagen einer neuen Ästhetik*, Rudolf Steiner Verlag: Dornach 1991, 63.

22 Ebd. 67.

23 Peter Brügge im Gespräch mit Joseph Beuys: »Die Mysterien finden im Hauptbahnhof statt«, in: *Der Spiegel* 23 (1984).

24 Joseph Beuys: *Zeichnungen 1947–59 I. Gespräch zwischen Joseph Beuys und Hagen Lieberknecht*, Schirmer/Mosel: München 1972, 17.

25 Eva Beuys/Wenzel Beuys (Hg.): *Joseph Beuys. Die*

Eröffnung 1965. Wie man dem toten Hasen die Bilder erklärt, Steidl: Göttingen 2010, 56f.

26 Richard Anschütz: *Der Chemiker August Kekulé*, Bd. 2: *Abhandlungen, Berichte, Kritiken, Artikel, Reden*, Verlag Chemie Berlin 1929, 942. [ND Severus: Hamburg 2012]

27 Paul Hindemith: *Komponist in seiner Welt. Weiten und Grenzen*, Atlantis Musikbuch-Verlag: Zürich 1959, 80f. und 84f.

28 Rudolf Steiner: *Kunst und Kunsterkenntnis*, a. a. O. 211f.

29 Ebd. 130.

30 Ebd. 34.

31 Joseph Beuys: *Das Geheimnis der Knospe zarter Hülle. Texte 1941–1986*, hg. von Eva Beuys, mit einem Vorw. von Heiner Bastian, Schirmer/Mosel: München 2000, 195.

32 Rudolf Steiner/Ita Wegmann: *Grundlegendes für eine Erweiterung der Heilkunst nach geisteswissenschaftlichen Erkenntnissen [GA 27]*, Rudolf Steiner Verlag: Dornach 1984, 12.

33 Vgl. Joseph Beuys: *Mein Dank an Lehmbruck. Eine Rede*, mit einem Nachw. von Eugen Blume, Schirmer/Mosel: München 2006, 11.

34 Stuart A. Kauffman: *Reinventing the Sacred. A New View of Science, Reason and Religion*, Basic Books: New York, NY, 2008.

35 Joseph Beuys: *Zeichnungen 1947–59 I*, a. a. O. 11.

36 Christa-Maria Lerm Hayes: *James Joyce als Inspirationsquelle für Joseph Beuys*, Olms: Hildesheim 2001, 199f.

37 Wolfgang Zumdick (Hg.): *Joseph Beuys – Rudolf Steiner. Zeichnungen – Entwürfe – Skizzen*, Pforte: Dornach 2007, 11 und 13.

38 Heribert Schulz: *Joseph Beuys und der Schwan*, a. a. O. 100, 114f.

39 Wolfgang Zumdick: »Der Tod hält mich wach«. Joseph Beuys – Rudolf Steiner. Grundzüge ihres Denkens, Pforte: Dornach 2006, 67 (bezieht sich auf Rudolf Steiner: *Die Apokalypse des Johannes [GA 104]*, Rudolf Steiner Verlag: Dornach 1908, 93f.).

40 Rudolf Steiner: »Die Tiergestalten als verfestigter physiognomischer Ausdruck menschlicher Leidenschaften. Siebenter Vortrag. Stuttgart, 11. August 1908«, in: ders.: *Ein Grundkurs in Evolutionslehre*, Bd.1: *Die Entwicklung von Erde und Mensch*, Archiati: Bad Liebenzell 2008, 137ff.

41 Wolfgang Zumdick: »Der Tod hält mich wach«, a. a. O. 69.

42 Joseph Beuys: *Wasserfarben. Aquarelle und aquarellierte Zeichnungen 1936–1976*, hg. von Kunstverein für Rheinland und Westfalen, Kunstverein für Rheinland und Westfalen: Düsseldorf 1986, 14.

43 Joseph Beuys: *Eine Innere Mongolei. Dschingis Khan, Schamanen, Aktricen*, a. a. O. 202.

44 Eduardo Viveiros de Castro: »Perspektiventausch. Die Verwandlung von Objekten zu Subjekten in indianischen Ontologien«, in: Irene Albers/Anselm Franke (Hg.): *Animismus. Revisionen der Moderne*, diaphanes: Zürich 2012, 74–76.

45 Ebd. 93.

46 Joseph Beuys in der ORF III Talkshow *Club 2* »Kunst und Schwindel«, 27.01.1983, vgl. unter: http://www.youtube.com/watch?v=J6pS7H_24CE [Stand: 20.11.2014].

47 Eva Beuys/Wenzel Beuys (Hg.): *Joseph Beuys. Die Eröffnung 1965*, a. a. O. 15f.

48 Eva Beuys/Wenzel Beuys (Hg.): *Joseph Beuys. Coyote III. Konzert 1984 mit Nam June Paik. Pianovariation 1984, Seibu Museum of Art, Tokyo, Sôgetsu Hall, 18.15–19.15 [Joseph Beuys Medien-Archiv: Nationalgalerie im Hamburger Bahnhof, Museum für Gegenwart – Berlin]*, Steidl: Göttingen 2008, 63 und 71f.

49 Caroline Tisdall: *Joseph Beuys. Coyote*, Schirmer/Mosel: Neuaufl. München [10]2008, [1976].

50 Werner Krüger/Wolfgang Pehnt: *Documenta – Documente. Künstler im Gespräch*, Artemedia: Köln 1984, 43f.

51 Joseph Beuys: *Zeichnungen 1947–59 I.*, a. a. O. 17.

52 »Gespräch zwischen J. Beuys, B. Blume und H. G. Prager vom 15.11.1975«, in: *Rheinische Bienenzeitung* 12 (1975), 373–377.

53 Rudolf Steiner: *Vorträge für die Arbeiter am Goetheanumbau*, Bd. 5: *Mensch und Welt. Das Wirken des Geistes in der Natur. Über das Wesen der Bienen [GA 351]*, Rudolf Steiner Verlag: Dornach, 4. teilw. neu durchges. Aufl. 1988, 147f.

54 Beat Wyss: *Nach den großen Erzählungen*, Suhrkamp: Frankfurt a. M. 2009, 113; auch unter: http://www.monopol-magazin.de/artikel/2010408/joseph-beuys.html [Stand: 20.11.2014].

55 »Gespräch zwischen J. Beuys, B. Blume und H. G. Prager vom 15.11.1975«, a. a. O. 375.

56 Carl Gustav Jung: »Paracelsus als geistige Erscheinung (1942, Neuausg. mit zwei zusätzlichen Fußnoten aus postum gefundenen Texten)«, in: ders.: *Gesammelte Werke*, Bd. 13: *Studien über alchemistische Vorstellungen*, Walter: Olten/Freiburg i. Br. 1995, 166.

57 Carl Gustav Jung: »Die Erlösungsvorstellungen in der Alchemie«, in: ders: *Gesammelte Werke*, Bd. 12: *Psychologie und Alchemie*, Walter: Olten/Freiburg i. Br. 1995, 390.

58 Ebd. 377.

59 Frank Meyer/Eivind Olsen: »Zu Gast bei Joseph Beuys. Interview Januar 1982«, in: Ramon Brüll (Hg.): *»Abenteuer des Lebens und des Geistes«. 13 Interviews aus dem Umkreis der Anthroposophie*, info 3: Frankfurt a. M. 1985, 89.

60 Theo Altenburg u. a.: »Friedenshase. Interview

30.06.1982«, in: Veit Loers/Pia Witzmann (Hg.): *Joseph Beuys. Documenta-Arbeit. Katalog zur Ausstellung im Museum Fridericianum Kassel vom 5. 9.–14. 11. 1993*, Ed. Cantz: Stuttgart 1993, 265.

61 Caroline Tisdall: *Joseph Beuys. Coyote*, a. a. O. 15.

62 Joseph Beuys/Klaus Gallwitz: *Beuys vor Beuys*, a. a. O. 224.

63 Beispielsweise Lynn Margulis: *Die andere Evolution*, Spektrum: Heidelberg/Berlin 1999, 142ff.

64 Gerhard Schulz (Hg.): *Novalis. Werke. Studienausgabe*, komm. von Gerhard Schulz, C. H. Beck: München [3]1987, 95.

65 Beispielsweise im Roman von Elie Wiesel: *Die Nacht. Erinnerung und Zeugnis*, übers. von Curt Meyer-Clason, Vorrede von Francois-Mauriac, Herder: Freiburg i. Br., Neuausg. 2008, 10.

66 Caroline Tisdall: *Joseph Beuys*, The Solomon R. Guggenheim Museum: New York 1979, 21ff.

67 Joseph Beuys: *Par la présente, je n'appartiens plus à l'art. Textes et entretiens choisis par Max Reithmann*, traduit de l'allemand par Olivier Mannoni et Pierre Borassa, L'Arche Éditeur: Paris 1988, 121f. (Die Übersetzung ins Französische stammt von einer von Eva Beuys zur Verfügung gestellten deutschsprachigen Tonbandabschrift, geprüft von Max Reithmann im Estate.)

68 Theodor W. Adorno: »Was bedeutet: Aufarbeitung der Vergangenheit [1959]«, in: ders.: *Gesammelte*

Schriften, Bd. 10.2, Suhrkamp: Frankfurt a. M. 1977, 555–572.

69 Theodor W. Adorno: »Erziehung nach Auschwitz«, in: ders.: *Erziehung zur Mündigkeit. Vorträge und Gespräche mit Hellmut Becker 1959–69*, hg. und mit einem Vorw. versehen von Gerd Kadelbach, Suhrkamp: Frankfurt a. M. 1971, 88–104.

70 Gespräch zwischen André Müller und Joseph Beuys, *Penthouse* 5 (1980), 98.

71 Gene Ray: »Joseph Beuys and the After-Auschwitz Sublime«, in: ders. (Hg.): *Joseph Beuys. Mapping the Legacy*, D.A.P./The John and Mabel Ringling Museum of Art: New York, NY, 2001, 64 und 67.

72 Victoria Walters: *Joseph Beuys and the Celtic Wor(l)d. A Language of Healing*, LIT: Berlin u. a. 2012, 3.

73 Stadt Meerbusch (Hg.): »50 Jahre Mahnmal alter Kirchturm Büderich im Rahmen der Meerbuscher Kirchennacht 2009 – Eine kleine Auswahl von Archivalien aus dem Bestand der Stadt Meerbusch«, Meerbusch 2009, 52.

74 Friedhelm Mennekes: *Joseph Beuys: Christus DENKEN – THINKING Christ*, Katholisches Bibelwerk: Stuttgart 1996, 69 und 73.

75 Joseph Beuys: *Eine Innere Mongolei*, a. a. O. 208.

76 Johannes Stüttgen: *Der Ganze Riemen. Der Auftritt von Joseph Beuys als Lehrer – die Chronologie der Ereignisse an der Staatlichen Kunstakademie*

Düsseldorf 1966–1972, Walther König: Köln 2008, 807.

77 Ebd. 814.

78 Hagen Lieberknecht im Interview mit Joseph Beuys, in: *Joseph Beuys*, Ausstellungskatalog Kunstverein St. Gallen, Sammlung Lutz Schirmer, Kunstverein St. Gallen 1971, 13.

79 Rudolf Steiner: *Christus und die geistige Welt. Von der Suche nach dem heiligen Gral. Sechs Vorträge. Leipzig, 28. Dezember 1913–2. Januar 1914*, Rudolf Steiner Verlag: Dornach 2003, 92, 94f., 110.

80 Rudolf Steiner: Über Philosophie, Geschichte und Literatur. *Darstellungen an der Arbeiterbildungsschule und der Freien Hochschule in Berlin 1901 bis 1905 [GA 51]*, Rudolf Steiner Verlag: Dornach 1983, 99.

81 Das Keltentum war für Steiner der »Inspirator« eines »esoterischen Christentums (…), das fortwirken sollte durch die Geheimnisse des heiligen Gral, fortwirken sollte durch das Rosenkreuzertum«. Steiner meint damit häretische Unterströmungen des Christentums, die eine individuelle Gottessuche jenseits von Institutionen und Dogmen unterstützten. Die iroschottische Kirche zählte für ihn auch dazu. Vgl. Rudolf Steiner: *Die Mission einzelner Volksseelen im Zusammenhange mit der germanisch-nordischen Mythologie. Zehnter Vortrag.*

Kristina, 16. Juni 1910 [GA 121], Rudolf Steiner Verlag: Dornach 1982, 130f., 174.

82 Mario Kramer: *Joseph Beuys. Das Kapital Raum 1970–1977*, Edition Staeck: Heidelberg 1991, 14.

83 Vgl. Jakob Streit: *Sonne und Kreuz. Irland zwischen Megalithkultur und frühem Christentum*, Freies Geistesleben: Stuttgart 1986, und Markus Osterrieder: *Sonnenkreuz und Lebensbaum. Irland, der Schwarzmeer-Raum und die Christianisierung der europäischen Mitte*, Urachhaus: Stuttgart 1995.

84 Rüdiger Sünner: *Totenschiff und Sternenschloss. Reisen zu mythischen Orten Europas*, Drachen: Klein Jasedow 2004, 53ff.

85 Vgl. Donald E. Meek: *The Quest for Celtic Christianity*, The Handsel Press: Edinburgh 2000, 66–70.

86 Vgl. Mary Low: *Celtic Christianity and Nature. Early Irish and Hebredian Traditions*, Edinburgh University Press: Edinburgh 1996.

87 Vgl. Thomas O'Loughlin: *Celtic Theology. Humanity, World, and God in Early Irish Writings*, Continuum: London/New York 2000, Kap. 3.

88 Vgl. Christina Harrington: *Women in the Celtic Church. Ireland 450–1150*, Oxford University Press: Oxford 2002.

89 Friedhelm Mennekes: Joseph Beuys: *Christus DENKEN – THINKING Christ*, a. a. O. 23, 25.

90 Joseph Beuys: *Zeichnungen 1947–59 I.*, a. a. O. 13. Dieter Koepplin weist auf die vielen Zeichnungen

hin, in denen Beuys die Spiralsymbolik verwendet, vgl. Dieter Koepplin (Hg.): *Joseph Beuys in Basel*, Bd. 2, a. a. O. 20, 23, 41, 59.

91 Volker Harlan: *Was ist Kunst? Werkstattgespräch mit Beuys*, Urachhaus: Stuttgart 1987, 87f.

92 Christa-Maria Lerm Hayes: *James Joyce als Inspirationsquelle für Joseph Beuys*, Georg Olms: Hildesheim 2001, 333.

93 Peter Vilhelm Glob: *The Bog People. Iron-Age Man Preserved*, Paladin: London 1973.

94 Der Barde Taliesin lebte im 6. Jahrhundert n. Chr. und war einer der ersten namentlich bekannten Dichter im keltischen Britannien. Seine Gedichte werden in der Sammlung »LlyfrTaliesin« (»Das Buch Taliesins«) in der Nationalbibliothek von Wales in Aberystwyth aufbewahrt. Siehe auch John Matthews: *Taliesin. Shamanism and the Bardic Mysteries in Britain and Ireland*, Aquarian Press: London 1991.

95 Victoria Walters: *Beuys and the Celtic Wor(l)d*, a. a. O. 123.

96 Ebd. 239ff.

97 Joseph Beuys: *Das Geheimnis der Knospe zarter Hülle*, a. a. O. 299.

98 Stiftung 7000 Eichen (Hg.): *30 Jahre Joseph Beuys 7000 Eichen*, Walter König: Köln 2012, 90.

99 Joseph Beuys/Bernhard Blume/Rainer Rappmann: *Gespräche über Bäume*. FIU: Wangen 2006, 50.

100 Stuart A. Kauffman: *Reinventing the Sacred*, a. a. O.

101 Joseph Beuys et al.: *Gespräche über Bäume*, a. a. O. 22.

102 Sean Rainbird: *Joseph Beuys und die Welt der Kelten. Schottland, Irland und England 1970–85*, Schirmer/Mosel 2005, 98.

103 Etwa Hans-Peter Riegel: *Beuys. Die Biographie*, Aufbau: Berlin 2013, 443–448, 453, oder Ulrike Knöfel: »Kunstborn«, in: *Der Spiegel* 20 (2013).

104 Der Historiker Bernd J. Wagner vom Stadtarchiv Bielefeld wurde von der Fachhochschule Bielefeld, an der Haverbeck lehrte, um eine detaillierte Untersuchung gebeten, die im Internet abrufbar ist unter: www.fh-bielefeld.de/presse/archiv/werner-georg-haverbeck [Stand: 07.01.2015], 6ff.

105 So gründete Haverbeck mit Altbundespräsident Gustav Heinemann 1975 den Deutschen Rat für Umwelt- und Lebensschutz, Erhard Eppler berief ihn 1978 in die Gustav-Heinemann-Initiative, und Egon Bahr ließ sich von ihm in Umweltfragen beraten. Vgl. Oliver Geden: *Rechte Ökologie. Umweltschutz zwischen Emanzipation und Faschismus*, Elefanten Press: Berlin 1999, 121.
Auch Robert Jungk, der Autor von *Der Atom-Staat*, der damals dem linken Lager zugeordnet wurde, äußerte sich positiv über Haverbeck und bezeichnete ihn wegen seiner ökologischen Positionen sogar als »geistigen Vater einer Wende«. Vgl. Silke

Mende: »*Nicht rechts, nicht links, sondern vorn*«. *Eine Geschichte der Gründungsgrünen*, Oldenbourg: München 2011, 104.

106 August Haußleiter: *An der mittleren Ostfront. Ein deutsches Korps im Kampf gegen die Sowjets*, J. L. Schrag: Nürnberg 1942, 282, 68, 28, 19.

107 Alexander Gallus: *Die Neutralisten. Verfechter eines vereinten Deutschland zwischen Ost und West 1945–1990*, Droste: Düsseldorf 2001, 226f.

108 Silke Mende: »*Nicht rechts, nicht links, sondern vorn*«, a. a. O. 115ff.

109 Richard Stöss: *Vom Nationalsozialismus zum Umweltschutz*, Westdeutscher Verlag: Opladen 1980, 319, 287.

110 Klaus Staeck im Interview mit dem Deutschlandfunk am 14. 05. 2013, unter: http://www.deutschlandfunk.de/staeck-joseph-beuys-war-kein-ewiggestriger.691.de.html?dram:article_id=246707 [Stand: 20.01.2015].

111 »Sprechen über das eigene Land: Deutschland«, Vortrag, gehalten am 20.11.1985 in den Münchner Kammerspielen, in: Joseph Beuys: *Das Geheimnis der Knospe zarter Hülle*, a. a. O. 25, 27.

112 Vgl. Peter Watson: *Der deutsche Genius. Eine Geistes- und Kulturgeschichte von Bach bis Benedikt XVI.*, C. Bertelsmann: München 2010.

113 »Born« meint im Mittelhochdeutschen nicht nur Brunnen oder Quell (»burne«), sondern hat

denselben Wortstamm wie auch »verbrennen«. Tauler spricht vom »Born« daher sowohl als Quell einer brennenden Gottesliebe als auch einer süßen, frischen Quelle, die wiederbelebt. Johannes Tauler: *Predigten,* Bd. 1, Johannes Verlag Einsiedeln: Freiburg i. Br. ^{5}2011, 273 und 81. Diese Hinweise verdanke ich dem Ulmer Kulturphilosophen Martin Spura.

114 »Sprechen über das eigene Land: Deutschland«, in: Joseph Beuys: *Das Geheimnis der Knospe zarter Hülle*, a. a. O. 25.

115 Vgl. Joseph Beuys: *Das Geheimnis der Knospe zarter Hülle,* a. a. O. 203 (Novalis), 477 (Jakob Böhme, Paracelsus, Agrippa von Nettesheim), 195 (Vischer, Fechner, Schelling, Hartmann, Hegel). Auch Rudolf Steiner steht für Beuys in dieser Tradition deutscher idealistischer Philosophie und spiritueller Naturbetrachtung, er verortet den Begründer der Anthroposophie »auf der Linie dieses roten Fadens«, der zu Goethe, Hegel, Novalis und Friedrich Schiller zurückreicht. (Vgl. Louwrien Wijers: *Schreiben als Plastik. 1978–1987. Interviews, Gespräche, Dokumentationen von/mit Joseph Beuys, Andy Warhol, Dalai Lama, Robert Filliou u. a.*, Ernst & Sohn, Academy Editions: Berlin/London 1992, 53; auf 58 spricht Beuys sogar von den »Samen«, die von Goethe, Hegel und Novalis gelegt wurden.)

116 Hans-Peter Riegel: *Beuys. Die Biographie*, a. a. O. 447: Einer der Hauptkritikpunkte von Hans-Peter Riegel ist, dass Beuys mit der Aufnahme anthroposophischer Inhalte in sein Werk auch Rudolf Steiners »völkisch-nationalistischen Wertekanon« (Riegel, 400) übernahm. Dies ist nicht nur eine verengte Sicht auf die Anthroposophie, sondern wird auch für Beuys' Werke nicht näher belegt, die als mehrdeutige Zeichensysteme ohnehin kaum auf konkrete ideologische Botschaften festgelegt werden können. In Steiners Vorträgen finden sich zwar rassistische und antijüdische Bemerkungen, von denen sich inzwischen liberalere Anthroposophen distanzieren, aber in Beuys' Kunstwerken und Texten kann man davon nichts finden. Auch einzelne Stellen in Beuys' Rede »Sprechen über das eigene Land: Deutschland« können nicht als Nachweis dafür dienen, dass Beuys Steiners »germanisch völkisches Gedankengut« (Riegel, 447) einfach nur übernahm.
Liest man in der Textsammlung *Das Geheimnis der Knospe zarter Hülle* Beuys' lyrische Texte aus den Jahren 1941–1943, so findet man darin keine völkischen, deutschnationalen oder gar rassistischen Töne, sondern Bezüge zur deutschen Romantik, in denen andere Kulturen nicht ausgegrenzt oder als minderwertig beurteilt werden. Auch wenn Beuys von der »reinen klaren Luft des nordischen

Himmels« spricht, so lassen doch die meisten Metaphern eher die Sehnsucht nach einer Zauber- und Märchenwelt erkennen, mit deren Hilfe Beuys möglicherweise gerade der ideologischen Propaganda seiner Zeit entfliehen wollte. In seinen Gedichten ist die Rede von »Märchenwäldern«, »Schlössern«, »Prinzessinnen«, »Sonaten«, »Himmelsdomen«, »Engeln« und Beuys lässt darin seine Liebe vor allem zu Novalis erkennen, etwa im Verweis auf dessen Topos der »blauen Blume«. Auch wenn Beuys auf die Frage »Worin wir ruhen?« antwortet: »Das suche in den sternbedeckten Räumen … in den Quellen, in den Träumen«, denkt man an Novalis, diesmal an seine »Hymnen an die Nacht«. Eine eher zarte Welt von Poesie und Imagination als eine von Militarismus oder nationalen Überlegenheitsgefühlen. Vgl. Joseph Beuys: *Das Geheimnis der Knospe zarter Hülle*, a. a. O. 289ff., 291, 297, 299.

117 »Der Antisemitismus war zweifelsohne ein konstitutives Element der völkischen Weltanschauung.« Und: »Die völkische Rassenideologie kann als Generalschlüssel zum Verständnis von völkischer Weltanschauung und Bewegung bezeichnet werden.«, zit. in: Uwe Puschner: *Die völkische Bewegung im wilhelminischen Kaiserreich. Sprache – Rasse – Religion*, Wissenschaftliche Buchgesellschaft: Darmstadt 2001, 15f.

118 »Sprechen über das eigene Land: Deutschland«, in: Joseph Beuys: *Das Geheimnis der Knospe zarter Hülle*, a. a. O. 27.

119 Clara Bodemann-Ritter (Hg.)/Joseph Beuys: *Jeder Mensch ein Künstler. Gespräche auf der documenta 5/1972*, Ullstein: Berlin [6]1997, 59.

120 »FIU-Manifest«, in: Götz Adriani/Winfried Konnertz/Karin Thomas: *Joseph Beuys – Leben und Werk*, a. a. O. 139f.

121 Friedhelm Mennekes: Joseph Beuys: *Christus DENKEN – THINKING Christ*, a. a. O. 59, 61.

122 Sean Rainbird: *Joseph Beuys und die Welt der Kelten*, a. a. O. 84.

123 Clara Bodemann-Ritter (Hg.)/Joseph Beuys: *Jeder Mensch ein Künstler*, a. a. O. 69f.

124 Jochen Krautz: *Ware Bildung, Schule und Universität unter dem Diktat der Ökonomie*, Diederichs: München 2007, 45ff., 117 und 189ff.

125 Der Aufruf zur Alternative, veröffentlicht am 23. Dezember 1978 in der *Frankfurter Rundschau*, war ursprünglich von dem Anthroposophen Wilhelm Heidt vom Achberger Kreis verfasst worden. Kurz vor Erscheinen wurde der Text Beuys vorgelegt, der ihn noch mal korrigierte und schließlich zur Veröffentlichung freigab, in: Eugen Blume (Hg.): *Beuys. Die Revolution sind wir*, Steidl: Göttingen 2008, 279.

126 In seinem Buch *Die Kernpunkte der sozialen Frage* entwickelte Rudolf Steiner 1919 die Idee, dass das Geistes-, Rechts- und Wirtschaftsleben einer Gesellschaft nicht zentral verwaltet werden sollte, sondern durch Selbstbestimmung. Jedem Bereich wird ein Ideal der Französischen Revolution zugeordnet: die Freiheit dem Geistesleben, die Gleichheit dem Rechtsleben und die Brüderlichkeit dem Wirtschaftsleben. Vor allem Beuys' Ideen zu einer Bildungsreform beziehen sich stark auf Steiners Forderung, dass sich das Geistesleben völlig unabhängig von staatlicher und wirtschaftlicher Bevormundung entwickeln sollte. Vgl. Rudolf Steiner: *Die Kernpunkte der sozialen Frage in den Lebensnotwendigkeiten der Gegenwart und Zukunft [GA 23]*, Rudolf Steiner Verlag: Dornach 1961.

127 Vgl. http://www.omnibus.org und http://www.fiu-verlag.com; http://www.brookes.ac.uk [Stand: 07.01.2015].

128 Joseph Beuys: *Mein Dank an Lehmbruck*, a. a. O. 11; vgl. auch unter: https://www.youtube.com/watch?v=8CfCSlimYCw [Stand: 20.11.2014].

129 Heiner Stachelhaus: *Joseph Beuys*, Claassen: Düsseldorf 1987, 202f.

LITERATURAUSWAHL

Theodor W. Adorno: *Erziehung zur Mündigkeit. Vorträge und Gespräche mit Hellmut Becker 1959–69*, hg. und mit einem Vorw. versehen von Gerd Kadelbach, Suhrkamp: Frankfurt a. M. 1971.

Götz Adriani/Winfried Konnertz/Karin Thomas: *Joseph Beuys – Leben und Werk*, DuMont: Köln Neuaufl. 1994.

Irene Albers/Anselm Franke (Hg.): *Animismus. Revisionen der Moderne*, diaphanes: Zürich 2012.

Heiner Bastian (Hg.): *Joseph Beuys – Zeichnungen. The Secret Block for a Secret Person in Ireland*, mit einem Text von Dieter Koepplin, Schirmer/Mosel: München 1988.

Eva Beuys: *Joseph Beuys. Iphigenie*, Schellmann Art: München 2011.

dies./Wenzel Beuys (Hg.): *Joseph Beuys. Die Eröffnung 1965. Wie man dem toten Hasen die Bilder erklärt*, Steidl: Göttingen 2010.

dies./Wenzel Beuys/Jessyka Beuys (Hg.): *Joseph Beuys. Der Block Beuys im Hessischen Landesmuseum Darmstadt*, Schirmer/Mosel: München 1997.

Joseph Beuys: *Das Geheimnis der Knospe zarter Hülle. Texte 1941–1986*, hg. von Eva Beuys, mit einem Vorw. von Heiner Bastian, Schirmer/Mosel: München 2000.

ders.: *Eine Innere Mongolei. Dschingis Khan, Schamanen, Aktricen. Ölfarben, Wasserfarben und Bleistiftzeichnungen aus der Sammlung van der Grinten*, hg. von Carl Haenlein, Kestnergesellschaft: Hannover 1990.

ders.: *Mein Dank an Lehmbruck. Eine Rede*, mit einem Nachw. von Eugen Blume, Schirmer/Mosel: München 2006.

ders.: *Zeichnungen 1947–59 I. Gespräch zwischen Joseph Beuys und Hagen Lieberknecht*, Schirmer/Mosel: München 1972.

ders./Michael Ende: *Kunst und Politik. Ein Gespräch*, FIU: Wangen 1989.

ders./Bernhard Blume/Rainer Rappmann: *Gespräche über Bäume*, FIU: Wangen 2006.

Eugen Blume (Hg.): *Beuys. Die Revolution sind wir*, Steidl: Göttingen 2008.

Clara Bodemann-Ritter (Hg.)/Joseph Beuys: *Jeder Mensch ein Künstler. Gespräche auf der documenta 5/1972*, Ullstein: Berlin [6]1997.

Dieter Buchhart (Hg.): *Joseph Beuys. Schamane*, Verlag für moderne Kunst: Nürnberg 2008.

Nicole Fritz: *Bewohnte Mythen. Joseph Beuys und der Aberglaube*, Verlag für moderne Kunst: Nürnberg 2007.

Volker Harlan: *Was ist Kunst? Werkstattgespräch mit Beuys*, Urachhaus: Stuttgart 2011.

ders.: *Mit Beuys Evolution denken* (in Vorbereitung).

ders./Rainer Rappmann/Peter Schata: *Soziale Plastik. Materialien zu Joseph Beuys*, Achberger Verlagsanstalt: Achberg 1984.

Georg Jappe: *Beuys Packen. Dokumente 1968–1996*, Lindinger + Schmid: Regensburg 1996.

Dieter Koepplin (Hg): *Joseph Beuys in Basel*, 3 Bde., Schirmer/Mosel: München 2003–2011.

Jochen Krautz: *Ware Bildung. Schule und Universität unter dem Diktat der Ökonomie*, Diederichs: München 2007.

Walter Kugler/Simon Baur (Hg.): *Rudolf Steiner in Kunst und Literatur*, DuMont: Köln 2007.

Christa-Maria Lerm Hayes: *James Joyce als Inspirationsquelle für Joseph Beuys*, Olms: Hildesheim 2001.

Stephan Malaka: *Die Aktualisierung der Alchemie im Werk von Joseph Beuys – Der Beuys-Block als Manifestation eines okkultistisch geprägten Weltbildes*, Diss., Hochschule für Bildende Künste: Braunschweig 2008.

Silke Mende: *»Nicht rechts, nicht links, sondern vorn«.*

Eine Geschichte der Gründungsgrünen, Oldenbourg: München 2011.

Friedhelm Mennekes: *Joseph Beuys: Christus DENKEN – THINKING Christ*, Katholisches Bibelwerk: Stuttgart 1996.

Sean Rainbird: *Joseph Beuys und die Welt der Kelten. Schottland, Irland und England 1970–85*, Schirmer/Mosel: München 2005.

Karin Riedl: *Künstlerschamanen. Zur Aneignung des Schamanenkonzepts bei Jim Morrison und Joseph Beuys*, transcript: Bielefeld 2014.

Hans-Peter Riegel: *Beuys. Die Biographie*, Aufbau: Berlin 2013.

Heribert Schulz: *Joseph Beuys und der Schwan*, hg. von Dieter Koepplin, Richter|Fey: Düsseldorf 2012.

Heiner Stachelhaus: *Joseph Beuys*, Claassen: Düsseldorf 1987.

Rudolf Steiner: *Christus und die geistige Welt. Von der Suche nach dem heiligen Gral. Sechs Vorträge. Leipzig, 28. Dezember 1913–2. Januar 1914*, Rudolf Steiner Verlag: Dornach 2003.

ders.: *Kunst und Kunsterkenntnis. Grundlagen einer neuen Ästhetik*, Rudolf Steiner Verlag: Dornach 1991.

Stiftung 7000 Eichen (Hg.): *30 Jahre. Joseph Beuys. 7000 Eichen*, Walther König: Köln 2012.

Johannes Stüttgen: *Der Ganze Riemen. Der Auftritt von Joseph Beuys als Lehrer – die Chronologie der Ereig-*

nisse an der Staatlichen Kunstakademie Düsseldorf 1966–72, hg. vom Hessischen Landesmuseum Darmstadt, Walther König: Köln 2008.

Rhea Thönges-Stringaris: *»Je länger aber das Ereignis sich entfernt …«. Zu Joseph Beuys und Peter Handke*, FIU: Wangen 2002.

Caroline Tisdall: *Joseph Beuys. Coyote*, Schirmer/Mosel: München 2008.

Victoria Walters: *Joseph Beuys and the Celtic Wor(l)d. A Language of Healing*, LIT: Berlin u. a. 2012.

Louwrien Wijers: *Schreiben als Plastik. 1978–1987. Interviews, Gespräche, Dokumentationen von/mit Joseph Beuys, Andy Warhol, Dalai Lama, Robert Filliou u. a.*, Ernst & Sohn, Academy Editions: Berlin/London 1992.

Wolfgang Zumdick: *»Der Tod hält mich wach«. Joseph Beuys – Rudolf Steiner. Grundzüge ihres Denkens*, Pforte: Dornach ^{2}2006.

ders.: *Joseph Beuys und die Architektur. Perspektiven und Akzente*, info 3: Frankfurt a. M. 2013.

ders. (Hg.): *Joseph Beuys – Rudolf Steiner. Zeichnungen – Entwürfe – Skizzen*, Pforte: Dornach 2007.

ABBILDUNGSVERZEICHNIS

Unter Mitwirkung von Eva Beuys

Joseph Beuys | Erdtelephon (1967)
Foto: Rüdiger Sünner, Neue Galerie Kassel, S. 97.

Joseph Beuys | Auschwitz-Demonstration (1956–1964)
Fotos: Rüdiger Sünner, Hessisches Landesmuseum Darmstadt, S. 104.

Joseph Beuys | Büdericher Mahnmal (1959)
Fotos: Rüdiger Sünner, S. 113.

Joseph Beuys | Badewanne (1960)
Foto: Rüdiger Sünner, Lenbachhaus München, S. 119.

Joseph Beuys | unbetitelt (ca. 1955–1958)
Arbeitstitel: Krieger, Foto: Eva Beuys, Abbildung aus: Sammlung JOSEPH BEUYS ESTATE, S. 120.

Joseph Beuys | zeige deine Wunde (1974/75)
Fotos: Rüdiger Sünner, Lenbachhaus München, S. 122.

Fußgängerunterführung und »toter Schacht« in Münster, der Beuys als Vorlage für »Unschlitt/Tallow« diente
Fotos: Rüdiger Sünner, S. 130f.

Joseph Beuys | Unschlitt/Tallow (1977)
Fotos: Rüdiger Sünner, Hamburger Bahnhof – Museum für Gegenwart, Berlin, S. 135.

Joseph Beuys | Aus der Aktion »Celtic« in Basel (1971)
Stills aus dem Film »Celtic« von Bernd Klüser, mit Erlaubnis des Autors, Fotos: Rüdiger Sünner, S. 145.

Joseph Beuys | Kreuz mit Sonne (1949)
Foto: Eva Beuys 1986, Abbildung aus: Sammlung JOSEPH BEUYS ESTATE, S. 152.

Giant's Causeway, Nordirland
Fotos: Rüdiger Sünner, S. 163.

Joseph Beuys | 7000 Eichen – Stadtverwaldung statt Stadtverwaltung, Kassel
Fotos: Rüdiger Sünner, S. 181.